THOMAS GALLI

KNAST LEBEN

AF631064

THOMAS GALLI

KNAST LEBEN

LEBENSLANGE HAFT IN SICHERUNGSVERWAHRUNG

MEINE HÄRTESTEN FÄLLE ALS GEFÄNGNISDIREKTOR

riva

Bibliografische Information der Deutschen Nationalbibliothek
Die Deutsche Nationalbibliothek verzeichnet diese Publikation in der Deutschen Nationalbibliografie. Detaillierte bibliografische Daten sind im Internet über http://dnb.d-nb.de abrufbar.

Für Fragen und Anregungen
info@rivaverlag.de

Originalausgabe
1. Auflage 2020
© 2020 by riva Verlag, ein Imprint der Münchner Verlagsgruppe GmbH
Nymphenburger Straße 86
D-80636 München
Tel.: 089 651285-0
Fax: 089 652096

Alle Rechte, insbesondere das Recht der Vervielfältigung und Verbreitung sowie der Übersetzung, vorbehalten. Kein Teil des Werkes darf in irgendeiner Form (durch Fotokopie, Mikrofilm oder ein anderes Verfahren) ohne schriftliche Genehmigung des Verlages reproduziert oder unter Verwendung elektronischer Systeme gespeichert, verarbeitet, vervielfältigt oder verbreitet werden.

Dieses Buch erschien erstmals 2017 unter dem Titel *Die Gefährlichkeit des Täters* im Verlag Das Neue Berlin, Berlin.

Umschlaggestaltung: Marc-Torben Fischer
Umschlagabbildung: Shutterstock.com/Gts
Satz: Carsten Klein, Torgau
Druck: Dieses Buch wurde im print on demand Verfahren produziert

ISBN Print 978-3-7423-1709-4
ISBN E-Book (PDF) 978-3-7453-1392-5
ISBN E-Book (EPUB, Mobi) 978-3-7453-1393-2

Weitere Informationen zum Verlag finden Sie unter
www.rivaverlag.de
Beachten Sie auch unsere weiteren Verlage unter www.m-vg.de

INHALT

»Täglich aber
droht dem Menschen
vom Menschen Gefahr.«

Lucius Annaeus Seneca

VORWORT

Es gibt verschiedene Gründe, aus denen der Staat Menschen einsperrt. Vor allem sind dies Vergeltung, Abschreckung, Resozialisierung und Sicherung der Allgemeinheit. Während anhand der Fallgeschichten meines ersten Buchs, *Endstation Knast. Ein Gefängnisdirektor packt aus*, vorrangig Schuld und Vergeltung als Grundlage des Freiheitsentzuges thematisiert wurden, geht es in diesem Buch im Schwerpunkt um den Umgang mit der Gefahr und die Sicherung der Allgemeinheit vor gefährlichen Menschen, insbesondere auch in Form der Sicherungsverwahrung.

Ein möglichst sinnvoller und menschenwürdiger Umgang mit als gefährlich eingeschätzten Menschen gehört zu den größten Herausforderungen für Staat und Justiz. Etwas oder jemanden als »Gefahr« oder »gefährlich« zu bezeichnen ergibt nur Sinn, soweit der Mensch die Gefahr abwägen und beeinflussen kann. Mit unserer Existenz untrennbar verbundene Tatsachen wie etwa den altersbedingten Tod als Gefahr zu bezeichnen, würde im Denken und Handeln nicht weiterführen und wäre daher zumindest überflüssig. Eine Gefahr trägt die Möglichkeit ihrer Abwendung in sich, genauer, sie suggeriert die Perspektive ihrer Abwendung. Verbunden mit der Tatsache, dass Gefahr immer nur die Möglichkeit und nicht die Gewissheit eines Schadenseintritts bezeichnet und voraussetzt, ist die Verwendung des Begriffs Gefahr gefährlich. Insbesondere wenn er, und darum geht es in diesem Buch, auf Menschen angewandt wird. Denn potenziell gefährlich ist jeder Mensch. Aber jeden Mitmenschen als Gefahr zu sehen, wäre schädlich für uns alle. Keinen als Gefahr zu sehen ebenso. Die Gefahr, die von einem konkreten Menschen ausgeht, als zu groß einzuschätzen könnte genauso verhängnisvoll sein, wie sie als zu gering einzuschätzen.

In diesem Buch geht es nicht um rechtliche Detailfragen. Es geht um Menschen, die als höchst gefährlich gelten. Was haben sie getan, und was kann man mit ihnen und gegen ihr Aggressionspotenzial tun? Wie verhält sich der Staat zu ihnen und zur vorgeblichen Beherrschung der Gefahr? Der Gefahr, die von Sicherungsverwahrten und Gefangenen ausgeht, die zu einer langen bis hin zu lebenslanger Freiheitsstrafe verurteilt wurden. Und es geht darum, wie Menschen gefährlich werden können und um die, bei denen sich eine solche Gefahr im Einzelfall verwirklicht hat. Um die Opfer.

Bevor ich Leiter der JVA Zeithain in Sachsen wurde, war ich dreizehn Jahre lang im bayerischen Justizvollzug tätig. Zunächst als Mitglied der Anstaltsleitung in der JVA Amberg, in der eine der ersten sozialtherapeutischen Abteilungen für schwerste Sexualstraftäter etabliert wurde, sodann sieben Jahre lang als Mitglied im Team der Anstaltsleitung der JVA Straubing, der Anstalt mit der höchsten Sicherheitsstufe in Bayern, in der einige hundert Inhaftierte eine lebenslange Freiheitsstrafe verbüßen und in der auch die Sicherungsverwahrung vollzogen wird. Zeitweise habe ich zusätzlich zur JVA Zeithain die sächsische JVA Torgau geleitet, in der ebenfalls Täter mit langen, teils lebenslangen Freiheitsstrafen einsitzen. Ich konnte also viele Erfahrungen sammeln. Mit den Menschen, die als höchst gefährlich eingeschätzt werden, damit, auf welchen Grundlagen diese Einschätzung beruht, damit, welche Folgen es auslösen kann, wenn ein Mensch als gefährlich oder ungefährlich gilt, und schließlich mit den Versuchen, einer Gefährlichkeit zu begegnen.

Die Geschichten in diesem Buch stehen für sich selbst. Die Leser mögen sich ihr eigenes Bild machen. Ich persönlich bin überzeugt, dass unser Umgang mit der Gefahr im Menschen unvernünftig ist. Ihm liegen Fehlvorstellungen über die sozialen Anteile an der individuellen Gefahr und über das Ausmaß und die mögliche Begrenzung dieser Gefahr insbesondere im Hinblick auf die Vorhersehbarkeit und Veränderbarkeit menschlichen Verhaltens zugrunde. Fehlvorstellungen, die auf der einen Seite dazu führen, dass viel zu vielen Menschen die Freiheit entzogen wird, und die auf der anderen Seite zur Folge haben, dass auch Menschen wieder in Freiheit kommen, die wiederholt gemordet haben und wieder morden. Fehlvorstellungen mit tödlichen Folgen also. Unter dem Strich verringert unser derzeitiges Strafrecht nicht die Gefahr im Menschen, sondern vergrößert sie.

Die Geschichten in diesem Buch sind real, allerdings zum Schutz insbesondere von Persönlichkeitsrechten so komponiert, dass sie nicht konkreten Personen zugeordnet werden können. Eine Ähnlichkeit diesbezüglich wäre Zufall.

Thomas Galli

I

DER VERWAHRTE

I.

Welco konnte nicht verstehen, warum er nicht entlassen wurde. Akzeptieren musste er es, aber er hätte es gerne verstanden, zumindest irgendwie eingeordnet. Doch das war nicht möglich. Und vielleicht wurde es dadurch noch unerträglicher, dass die um ihn herum, die Mitgefangenen, die Beamten bis hin zum Anstaltsleiter, seine Rechtsanwältin, dass sie alle auch nicht verstanden, warum er nicht freikam. Die Ursache für seine Inhaftierung lag weit in der Vergangenheit, sie war für ihn kaum noch greifbar.

Jetzt hatte der Europäische Gerichtshof für Menschenrechte entschieden, dass die Sicherungsverwahrung in Deutschland gegen europäisches Recht verstoße. Da bereitete Welco sich, nach neun Jahren Haft und zwölf Jahren anschließender Sicherungsverwahrung, zum ersten Mal auf die Entlassung vor. Mit Hilfe des Sozialarbeiters besorgte er sich ein Zimmer in einem Übergangswohnheim. Ein Pfarrer, seine einzige Bezugsperson nach draußen, verschaffte ihm eine Anstellung als Kirchenhelfer. Auf geringfügiger Basis, aber immerhin. Seinen Mitgefangenen gab er selbstgebastelte Visitenkarten mit seiner künftigen Adresse, damit sie ihm fleißig schreiben konnten. Stolz hatte er auf den Kärtchen unter seinem Namen »Kirchenhelfer« notiert. Alle freuten sich mit ihm, dass er entlassen werden konnte. Auch die Beamten, denn Welco war ein sympathischer Verwahrter. Und gefährlich? Nein, kein Mensch, der ihn kannte, hielt Welco für gefährlich. Zumindest nicht mehr. Er war nun fast fünfzig und saß wegen Straftaten, die er vor über zwanzig Jahren begangen hatte. Welco hielt seine Strafe für gerecht. In anschließende Sicherungsverwahrung kam er, weil das Gericht annahm, dass die Gefahr weiterer Straftaten von ihm ausginge. In der Sicherungsverwahrung sollte er so lange therapiert werden, bis diese Gefahr auf ein vertretbar geringes Maß reduziert wäre. Welco akzeptierte auch das, obwohl er für sich selbst wusste, dass er nie wieder Ähnliches begehen würde. Aber er verstand, dass andere Menschen Angst hatten, er könne es tun.

Er machte jede therapeutische Maßnahme mit, die ihm in den halbjährlichen Vollzugsplänen nahegelegt wurde. Kern der Behandlung waren zwei wöchentliche Therapiegespräche mit der Psychologin. Welco war ein angenehmer Patient, der in der Therapeutin die fürsorgliche Mutter sah, eine Rolle, die sie gerne annahm. Sie therapierte ihn mit großer Ausdauer, über die Jahre kamen so einige Hundert Stunden an Einzeltherapie zusammen. Für Welco und die Psychologin war es ein schmerzlicher Gedanke, dass diese therapeutische Beziehung mit einer eventuellen Entlassung enden sollte. Sie bot ihm daher an, ihn für diesen Fall auch in Freiheit weiter zu betreuen. Da sie im Rahmen ihrer Ausbildung nicht als Psychotherapeutin zugelassen war, würde das allerdings keine Krankenkasse übernehmen, aber sie wollte ihm dafür keine Kosten in Rechnung stellen. Zu den Einzelgesprächen kamen zahlreiche Gruppentherapiesitzungen, Anti-Gewalt-Training, Soziales Kompetenztraining, Yoga und anderes

Entspannungstraining. Besonders gerne nahm Welco die sport- und kreativtherapeutischen Angebote wahr. Er lernte Gitarre, Klavier und Schlagzeug zu spielen, und seine Aquarellmalereien erzielten bei den jährlichen Verkaufsveranstaltungen für Besucher Höchstpreise.

Trotz allem konnten sich Anstaltsleitung und Gutachter in all den Jahren nicht dazu durchringen, Welco eine positive Prognose zu bescheinigen. Er war auffallend unauffällig. Seine Aggressionen schlummerten möglicherweise tief in ihm, die Gefahr schien zu groß, dass sie sich nach einer Entlassung entladen könnten. Sie empfahlen dem Gericht bei der regelmäßigen Überprüfung die Fortdauer der Sicherungsverwahrung, da noch weiter intensiv therapeutisch auf Welco eingewirkt werden müsse, um Zugang zu seinen Gefühlen zu gewinnen. Das Gericht folgte diesen Vorschlägen und verlängerte die Sicherungsverwahrung ein ums andere Jahr. Da diese Sicherungsverwahrung bis zum Lebensende dauern konnte, schwanden Welcos Hoffnungen, noch einmal in Freiheit zu kommen, mehr und mehr. Was sollte er denn noch tun, außer sich regelkonform zu verhalten und alle therapeutischen Maßnahmen zu absolvieren? Aggressionen zeigen? Dann wäre ihm bei der nächsten Gelegenheit vorgeworfen worden, er verhielte sich selbst in Haft aggressiv, in Freiheit sei ihm daher erst recht nicht zu trauen.

Umso größer war daher die Freude und Erleichterung, als der Europäische Gerichtshof die deutsche Sicherungsverwahrung in Fällen wie seinem für rechtswidrig erklärte. Für Insider hatte das Gericht damit nur das festgestellt, was ohnehin offensichtlich war. Nach deutschem Recht sollte die Sicherungsverwahrung, die mit der Gefährlichkeit des Betroffenen begründet wird, etwas grundsätzlich anderes als die Freiheitsstrafe sein, die mit der Schuld des Betroffenen begründet wird. Da der Gefährliche den Freiheitsentzug hinnehmen musste, obwohl er seine Schuld schon verbüßt hatte, sollte es ihm deutlich besser gehen als dem schuldigen Strafgefangenen. Rein faktisch war das aber nicht der Fall. Sicherungsverwahrte wurden mit Gefangenen in ein und denselben Gefängnissen untergebracht. Sie durften öfter als die Strafgefangenen ihre privaten Jogginganzüge tragen, was diesen nur während des täglichen einstündigen Aufenthalts im Freien erlaubt war. Sie durften auch für etwas mehr Geld monatlich einkaufen und bekamen einmal monatlich zusätzlich Fleisch zum Essen. Auch durften sie größere Fernseher als die Gefangenen in Besitz haben. Welco war Vegetarier und brauchte keinen größeren Fernseher, da er überhaupt keinen Fernseher hatte und wollte. Er ging ab und zu in den Gemeinschaftsraum zum Fernsehen, das war ihm genug. Auch durften Verwahrte öfter als Strafgefangene Besuch von außerhalb empfangen. Welco unterhielt wie die meisten Sicherungsverwahrten kaum noch Kontakt zu Menschen in Freiheit, so dass er selbst das Kontingent von wenigen Stunden monatlich, das Strafgefangenen zustand, nicht ausschöpfte. Für die, die eingesperrt waren, machte es also keinen Unterschied, ob sie sich in Haft oder Verwahrung befanden. Die, die sie eingesperrt hatten, nannten es nur anders und begründeten es anders.

Aber dann kam die bittere Ernüchterung. Welco wurde nicht entlassen, trotz der Entscheidung des Europäischen Gerichtshofs. Anders als eine Entlassung ist eine Nicht-Entlassung ein sich quälend in die Länge ziehender Prozess. Es gab keinen konkreten Termin, an dem Welco nicht entlassen wurde. Jeden Tag, jede Stunde, jede Minute wurde er nicht entlassen, und jede folgende Minute hoffte er darauf, entlassen zu werden. Aber es passierte nicht, und die Hoffnung verwandelte sich zunehmend in Verzweiflung. Auch als die Bundesrepublik dazu verurteilt wurde, einigen anderen Sicherungsverwahrten Schadensersatz zu zahlen, weil sie auf einer rechtswidrigen Grundlage inhaftiert waren, wurden die Sicherungsverwahrten nicht entlassen. Wie konnte das sein? Warum hielt Deutschland sich nicht an internationale Verträge, an europäisches Recht? Hätte der Europäische Gerichtshof irgendetwas zu Ungunsten der Verwahrten entschieden, dann wäre das unverzüglich umgesetzt worden. So aber wurde Welco schmerzhaft bewusst: Man wollte ihn nicht freilassen, ohne dass man das juristisch überzeugend begründen konnte. Wie soll der Staat denn den Straftätern ernsthaft beibringen, dass sie sich an Recht und Gesetz halten müssen, wenn er selbst es nicht tut? Deutschland jedenfalls wollte erst einmal eine Entscheidung des Bundesverfassungsgerichts abwarten, das noch vor einigen Jahren die Sicherungsverwahrung für rechtmäßig erklärt hatte. Nun also hieß es warten auf dies Entscheidung. Lange warten.

Fast zwei Jahre dauerte es, bis das Gericht zu einer Entscheidung kam, die für Welco zunächst wieder fast alle Hoffnungen zerstörte. Zwar erklärte auch das höchste deutsche Gericht die Sicherungsverwahrung für rechtswidrig, allerdings ordnete es eine Übergangszeit an, innerhalb derer die Sicherungsverwahrung weiter vollzogen werden durfte. Bis zum Ende dieser Übergangszeit mussten neue gesetzliche Regelungen geschaffen werden und die faktische Gestaltung der Sicherungsverwahrung musste sich deutlicher von der Strafhaft unterscheiden. Einen Hoffnungsschimmer gab es allerdings für Welco. Er lag bemerkenswerterweise im Begriff der

»Gefahr«. Von Verwahrten wie Welco, die länger als zehn Jahre in Sicherungsverwahrung lebten, musste nun nach Ansicht des Bundesverfassungsgerichts eine hochgradige Gefahr künftiger schwerster Gewalttaten drohen. Und in den letzten Entscheidungen des zuständigen Gerichts, in denen die Fortdauer von Welcos Sicherungsverwahrung angeordnet worden war, stand nichts von einer hochgradigen Gefahr. Die Rede war immer nur von einer Gefahr. Nun würden die Gutachter und das Gericht doch hoffentlich nicht feststellen, dass er seit der letzten Überprüfung noch gefährlicher geworden sei und sich die von ihm ausgehende Gefahr zu einer hochgradigen Gefahr entwickelt hätte?

II.

Welco war wegen mehrerer Banküberfälle verurteilt worden. Hineingeboren wurde er in, wie man so sagt, gutbürgerliche Verhältnisse. Beide Eltern praktizierten als Ärzte. Der Vater als Gynäkologe, die Mutter als Kinderärztin. Sie liebten ihn. Als er zwei Jahre alt war, starben seine Eltern bei einem Autounfall. Verwandte, die sich um ihn kümmern konnten, gab es nicht. So kam der kleine Welco zu Pflegeeltern. Der Vater Diakon, die Mutter Sekretärin. Eigene Kinder waren ihnen verwehrt geblieben. Anständige Menschen, keineswegs unfreundlich, aber sie konnten offenbar nie Liebe zu ihrem Pflegekind entwickeln. Vielleicht hätten sie auch für ein anderes, ein eigenes Kind keine Liebe empfinden können, vielleicht lag es an Welco, dass sie ihn nicht lieben konnten. Oder er empfand nur das Gefühl des Nicht-geliebt-Seins. Jedenfalls gab er seinen Pflegeeltern keine Schuld. Auch nicht dafür, dass er ihnen seinerseits keine Liebe entgegenbrachte und nie wirklich zu sich selbst fand, um sich selbst zu akzeptieren. Er konnte sich nicht erklären, woran es lag. Gab er sich selbst die Schuld dafür, sich und sein Leben nicht zu lieben? Oder war Schuld das Gefühl, das entstand, wenn man sich nicht akzeptierte? Es war seltsam, als er irgendwann im Gefängnis landete, denn er hatte schon immer empfunden, in einer Art Gefängnis zu leben. Getrennt von den Gefühlen, die er kaum seine Gefühle nennen konnte und die doch allein das wahre, das spürbare, das lebendige Leben waren. Aber er wusste, dass sie da waren, und das machte es noch schlimmer. Es bereitete ihm Schmerzen, nicht an sie heranzukommen, und er litt sehr unter seiner Einsamkeit. Er fühlte sie auch dann, wenn er zum Beispiel in der Schule mit anderen zusammen war, und wusste nicht, was schlimmer für ihn war: die tatsächliche Einsamkeit, über die sich die anderen Menschen mit der Gewissheit hinwegretten können, jederzeit wieder Kontakt zu den Mitmenschen aufnehmen zu können, oder die gefühlte Einsamkeit im Beisein von anderen. Er dachte oft darüber nach, warum das überhaupt einen Unterschied ausmachte. Getrennt von anderen Menschen war man doch ohnehin, sobald man den Mutterleib verließ. Stellte das Gefühl der Einsamkeit nur eine Illusion dar, eine Selbsttäuschung im Dienste der Evolution, die nur erfolgreich sein konnte, wenn es die Menschen zueinander trieb? Dann war auch das Gefühl des Geborgenseins, des Sich-vereint-Fühlens mit anderen eine Illusion und Selbsttäuschung. Aber der Versuch, sich das alles bewusst zu machen, half nicht. Genauso wenig würde es gegen den Hunger helfen, sich bewusst zu machen, dass das Essen im Sinne der Evolution geschah. Die anderen Menschen waren wie seine Gefühle. Sie existierten, und er nahm sie wahr, aber er gehörte nicht dazu, er kam nicht an sie heran. Irgendwie funktionierte er dennoch. Das musste er auch, um zumindest gelegentlich Anerkennung zu bekommen. Anerkennung war keine Zuneigung, aber besser als die völlige Missachtung, die er ansonsten befürchtete.

Funktionieren nach ihrer Sicht der Dinge, im Sinne der Eltern. Sie halfen ihm nie, seinen eigenen Weg zu finden und ein Selbstwertgefühl zu entwickeln. Sein Abitur fiel mittelmäßig aus. Als er beschloss, danach nicht zu studieren, sondern eine Lehre zu absolvieren, waren seine Pflegeeltern enttäuscht. Er lernte Drucker, arbeitete jedoch nie als solcher, da er nach Abschluss der Lehre sofort einen Job als Verkäufer in einer Buchhandlung fand. Er liebte Bücher, sofern man da von Liebe sprechen mag. Sie waren für ihn von früher Kindheit an mehr als nur die Flucht aus seiner leb- und lieblosen Realität. Die Bücher halfen ihm zu überleben. Zu leben. Dort fand er zumindest ein Stück Sinn für sich selbst. Während es am Anfang, mit Karl May und anderen, eher darum ging, sich hineinzudenken, hineinzufühlen, hineinzuleben in die Figuren und durch sie teilzunehmen an einem Leben, das so viel aufregender, emotionaler, wirklicher war als das unterdrückte, kranke, rein funktionsorientierte Dasein im Haus der Pflegeeltern, hatte er bald das Gefühl, durch das Lesen verstanden zu werden. Er las über Gedanken oder Gefühle anderer Menschen und entdeckte seine eigenen Gedanken und Gefühle darin. Erst Hesse, später Dostojewski. Ab und an konnte er so die Gitterstäbe durchbrechen und an dem teilnehmen, was andere so selbstverständlich als Leben bezeichneten.

Einen anderen, nur kurzfristig erfolgreichen Zugang zu diesen Gefühlen suchte er, indem er erst Alkohol und Haschisch, später Kokain und Crystal konsumierte. Seine Pflegeeltern merkten überhaupt nichts davon. Wenn sie über Jugendliche sprachen, die Drogen nahmen, dann war das, als sprachen sie von Menschen auf einem anderen Stern. Nicht im Entferntesten kamen sie auf den Gedanken, dass ihr eigener Sohn Drogen nehmen könnte. Aus ihrer Sicht konnte er zufrieden und dankbar für sein Leben sein und war außerdem zu klug, um zu Drogen zu greifen. Das taten nur Menschen vom sozialen Rand. Und dumme Menschen. Und die nahmen Drogen auch nicht aus Not, sondern aus Übermut, und schädigten damit weniger sich selbst als vielmehr die Gesellschaft. Menschen, die Drogen konsumierten, stellten eine Gefahr für die Gesellschaft dar, nicht die Gesellschaft brachte Menschen in die Gefahr, Drogen zu nehmen. Diese Leute waren in den Erzählungen seiner Pflegeeltern abgehalfterte, heruntergekommene Typen. Durchgehend tätowiert, ohne Arbeit oder die Schule schwänzend, hingen sie an Bahnhöfen herum und prostituierten sich, um das notwendige Geld für den nächsten Schuss zu besorgen. Sie hatten keine Manieren, pöbelten fremde Menschen an und klauten, was sie in die Finger bekamen. Nun, Welco war nichts von alledem. Er gab sich immer höflich, schwänzte nie die Schule und war selbstverständlich nicht tätowiert.

Auch der Mann, von dem er die Drogen bekam, war ganz anders, als seine Pflegeeltern sich solche Menschen vorstellten. Mitschüler hatten sich über ihn unterhalten, und Welco hatte mitgehört, dass dieser Mann Drogen in bester Qualität zu einem fairen Preis verkaufen würde. Und sie schwärmten von der Wirkung der Drogen, außerdem habe die Wissenschaft längst bewiesen, dass Alkohol und Tabak gefährlicher seien. Die Mitschüler, die das sagten, empfanden offenbar, anders als er selbst, Spaß am Leben, waren selbstbewusst und hatten Freundinnen.

Dennoch dauerte es sehr lange, bis Welco sich dazu durchrang, es auch einmal mit Drogen zu versuchen. Er hatte sich in eine Mitschülerin verliebt, traute sich aber nicht, sie anzusprechen. Wenn sie nur in der Nähe war, lief er rot an und hatte das Gefühl, sich nur noch mit Mühe auf den Beinen halten zu können. Er nahm sich vor, etwas gegen seine Angst, seine Hemmungen und seine Komplexe zu nehmen. Nur einmal, oder nur so lange, bis er sich traute, das Mädchen anzusprechen. Dann würde alles leichter werden, und er bräuchte keine Drogen mehr. Er wandte sich an einen seiner Mitschüler, ob er ihm bei seinem nächsten Kauf etwas mitbringen könnte. Leisten konnte er es sich ohne Probleme. Seine Eltern gaben ihm ein ordentliches Taschengeld, das er zum größten Teil sparte, da er weder Hobbys pflegte noch abends ausging. Dem Mitschüler war die Sache zu heikel, aber er nannte ihm die Telefonnummer des Mannes. Er solle dort einfach anrufen. Welco konnte nicht glauben, dass es so einfach gehen sollte. Im Fernsehen wurde es anders dargestellt. Aber es klappte ganz problemlos. Er rief an und sagte, er wolle etwas kaufen. »Was denn?«, fragte der Mann am anderen Ende der Leitung. »Ich kenne mich da nicht so aus. Gegen die Angst, um etwas lockerer zu werden, was kann man da nehmen?« – »Da habe ich was für dich.«

Sie vereinbarten ein Treffen in einem Park in der Nähe der Schule, und so fing alles an. Sie trafen sich regelmäßig, und der Mann verkaufte Welco immer mehr. Der Mann war höflich, fragte Welco nach Problemen beim Konsum und riet ihm, bestimmte Höchstmengen nicht zu überschreiten. Er verkaufte grundsätzlich nichts an Jugendliche unter 16 Jahren, und wenn er mitbekam, dass einer seiner Kunden ein Suchtproblem entwickelte, verkaufte er ihm nichts mehr. Wie ein Händler von Motorrädern, der seinen Kunden rät, nicht zu schnell zu fahren und immer einen Helm aufzusetzen. Im Hauptberuf war der stets gut gekleidete Mann Justiziar einer kleinen Software-Firma. Er nahm selber auch ab und zu Kokain, aber hatte es gut unter Kontrolle.

Welco halfen die Drogen tatsächlich. Er fühlte sich zumindest am Anfang glücklich und selbstbewusst. So selbstbewusst, dass er sich wohl auch getraut hätte, seine Mitschülerin anzusprechen, allerdings war ihm gar nicht mehr danach. Ihm genügte der Drogenrausch, der so viel schöner und intensiver war, als es eine Beziehung jemals sein könnte. Mit der Zeit aber wurden seine Probleme durch die Drogen größer, als sie es vor dem Konsum gewesen waren. Das Schlimmste an den Drogen war, dass sie ihm für eine kurze Zeit, für ein paar Augenblicke, eine besserer Welt zeigten. Es gab sie also, diese Welt. Auch in ihm, in seinem Kopf. Warum blieb sie nicht dauerhaft, und warum war sie wieder verschwunden und kam nicht zurück, wie viele Drogen er auch nahm? Welco hatte noch nie gut schlafen können. Er durfte selbst als kleines Kind nie im Bett seiner Pflegeeltern schlafen und konnte als Jugendlicher nur einschlafen, wenn er sich ganz eng in einen Teppich einrollte. Auch das half nun nichts mehr. Obwohl er nur ein- oder zweimal in der Woche Aufputschmittel nahm, konnte er ohne künstliche Stoffe überhaupt nicht mehr zur Ruhe kommen. Am Anfang versuchte er es mit Rotwein, musste aber bald zwei Flaschen davon trinken, um wenigstens zwei oder drei Stunden vor dem Aufstehen wegzudämmern. Morgens fühlte er sich dann wie gerädert. Um nicht aufzufallen, schwänzte er dennoch keinen einzigen Tag die Schule. Er kaufte sich bei seinem Händler Crystal, das am Anfang hervorragend wirkte. Er war frisch und leistungsfähig, auch wenn er kaum geschlafen hatte. Aber es war ein Teufelskreis, er schlief immer schlechter und brauchte abends immer stärkere Beruhigungsmittel. Irgendwie schaffte er es dennoch, zur Schule zu gehen. Seine Angst, negativ aufzufallen, war stärker als jede Droge. Positive Gefühle riefen die Drogen bei ihm längst nicht mehr hervor, aber es gelang ihm mit der Zeit, aufputschende und beruhigende Mittel so auszutarieren, dass er einigermaßen arbeitsfähig blieb.

Doch der Mann, bei dem er seine Drogen kaufte, geriet irgendwann ins Visier der Polizei, und mit ihm auch Welco. Einige Monate nachdem er in dem Buchladen zu arbeiten begonnen hatte, wurde er zum ersten Mal wegen Verstoßes gegen das Betäubungsmittelgesetz inhaftiert. Er hatte größere Mengen bei sich zu Hause gehortet und wurde verdächtigt, selbst damit zu handeln. Für seine Pflegeeltern Grund genug, sich von ihm loszusagen, wobei das kaum einen Unterschied zu vorher machte. Nur gab es jetzt keine Höflichkeitstelefonate und Glückwünsche zum Geburtstag mehr. Der Buchhändler aber, für den er arbeitete, hielt während der mehrmonatigen Haft zu ihm. Er war für Welco Vaterfigur und Freund geworden. Nach der Haft konnte er in der Buchhandlung weiterarbeiten. Aber es war nicht wie zuvor. Die wirtschaftliche Situation gestaltete sich immer prekärer, die Konkurrenz durch die großen Buchhandelskonzerne und das Internet erdrückte den kleinen Laden. Und Welco wurde den Verdacht nicht los, dass viele Kunden nicht mehr kamen, weil sie wussten, dass er, ein ehemaliger Gefangener, hier arbeitete. Das Geschäft lebte hauptsächlich von langjährigen Stammkunden, die zwar von einem Verkäufer, der mit Drogen Kontakt hatte und im Gefängnis gewesen war, als Teil eines der Krimis, die sie so gerne lasen, fasziniert gewesen wären, ihn jedoch in der Realität nicht ertragen konnten. Der Buchhändler ließ ihn das nicht spüren, und er belastete ihn auch nicht mit den existenziellen Sorgen des Geschäfts, aber Welco wusste, dass er sie hatte und dass sie ihm schlaflose Nächte bereiteten. Er fühlte sich schuldig, und er wollte dem Mann, der so viel mehr als nur ein Arbeitgeber für ihn war, helfen.

Welco konsumierte weiter Drogen, er konnte nicht anders. Der Druck, Drogen zu nehmen, wurde umso mächtiger, je schwerer die Probleme auf ihm lasteten. Und er verschärfte seine Probleme noch weiter. Geld musste her. Unbedingt und schnell. Es gab keinen legalen Weg dafür, das wurde Welco schnell bewusst. Und wie illegal an Geld kommen? Ein bisschen konnte er durch den Weiterverkauf von Drogen verdienen, aber er war nicht der Typ dazu, in diesem harten Geschäft ein großer Fisch zu werden. Außerdem hatte die Justiz ihn ja bereits auf dem Schirm, da war es schon riskant genug, sich immer wieder die Drogen für den Eigenbedarf zu beschaffen. Diebstahl? Er wusste nicht, wo größere Mengen Bargeld zu holen gewesen wären, und einen Tresor oder Ähnliches zu knacken traute er sich nicht zu. Ihm fiel nur ein Banküberfall ein. Irgendwo eine täuschend echt aussehende Schreckschusspistole, einen falschen Bart und eine Perücke zu organisieren dürfte nicht so schwierig sein. Geld von den Banken zu rauben hielt er moralisch für vertretbar. Hemmungen hatte er nur, wenn er an die Bankangestellten dachte. Aber der Druck, an Geld zu kommen, war größer als diese Hemmungen. Plötzlich wurde etwas für ihn denkbar, was sein Leben lang völlig außerhalb seiner Vorstellung gelegen hatte. Er machte erst gar nicht den Versuch, darüber nachzudenken. Und tatsächlich. Es funktionierte!

Er betrat mit falschem Bart, Perücke, Sonnenbrille und einer Schreckschusspistole, die er von seinem Drogenhändler bekommen hatte, eine Sparkassenfiliale, die einige Stunden Bahnfahrt von seinem Wohnort entfernt lag und die er unter mehreren potenziell geeigneten ausgewählt hatte. Dank Crystal behielt er seine Angst gut im Griff. Zu der Zeit waren die Schalter noch nicht ausreichend geschützt, und er erbeutete erschreckend einfach einige Tausender. Er flüchtete zu Fuß und deponierte für den Fall, dass er in das Fahndungsnetz der Polizei geriet, das Geld und seine Utensilien in einem vorher präparierten Erdloch in der Nähe. Dort holte er es etwa zwei Wochen später ab. Dem Buchhändler sagte er, er habe etwas Geld von einem entfernten Verwandten geerbt und würde gerne in das Geschäft investieren. Dankbar nahm es der Chef, dem das Wasser finanziell bis zum Hals stand, an. Lange half das nicht, und Welco überfiel einige Monate später erneut eine Bank. Wieder nach dem gleichen Schema. Und wieder erfolgreich. Dennoch ging es mit der Buchhandlung immer weiter den Bach hinunter, und der Eigentümer, der sein gesamtes Privatvermögen investiert und verloren hatte, eröffnete Welco, dass er in Kürze die Insolvenz beantragen müsse. Welco war am Boden zerstört. Noch am selben Tag plante er seinen nächsten Überfall.

Ein paar Tage darauf der noch größere Schock: Der Buchhändler erlitt einen Herzinfarkt und starb. Welco wollte auch sterben, aber er hatte Angst vor dem Tod und erst recht davor, sich umzubringen. Im Dauerrausch überstand er irgendwie die folgenden Monate, und als er langsam wieder zu sich kam, brauchte er vor allem eines: Geld. Er plante einen letzten Banküberfall. Mit dem erbeuteten Geld wollte er nach Brasilien fliegen und sich dort niederlassen. Auch seine moralischen Skrupel gegenüber den Bankangestellten, die er bei seinen Überfällen bedrohte und die Todesängste erleiden mussten, nahmen ab. Vielleicht lag es daran, weil bisher alles so einfach gelaufen war. Welche Rolle spielte die Moral überhaupt, war sie nur der schöne Mantel für Nutzen und Können? Und Empathie ein Gefühl, das nur entstand, wenn man es sich gerade leisten konnte, und nicht dann, wenn der andere es brauchte? Ein Gefühl, das einen nicht wirklich etwas kostete? Welco konnte sich keine Moral und Empathie mehr leisten. Er war völlig am Ende. Finanziell und emotional. Aber dieses Mal ging alles schief. Die Bankangestellte weigerte sich, Geld herauszugeben, und als Welco nach viel zu langen Versuchen, sie doch noch dazu zu bewegen, endlich die Bank verließ, stand schon die Polizei bereit. Es war vorbei.

III.

Das Licht am Horizont wurde für Welco heller. Beide Gutachter, ein Psychologe und ein Psychiater, sahen bei ihm tatsächlich nur noch eine »Gefahr«, aber keine »hochgradige Gefahr« mehr. Die Anstalt trat dieser Einschätzung zumindest nicht entgegen, wenn sie sich auch nicht dazu durchringen konnte, sich ihr anzuschließen. Nun hatte Welco tatsächlich gute Chancen, dass das Gericht seine Sicherungsverwahrung aufheben würde. Da kam etwas dazwischen, mit dem niemand rechnen konnte, und von dem Welco noch nicht wusste, ob es gut oder schlecht war.

IV.

Der Ministerpräsident wollte die Anstalt besuchen! Welco war aufgeregter als vor einem seiner Banküberfälle, wobei er ja auch kein Crystal mehr konsumierte. Es war zwar ein Leichtes, in der Haft an Drogen zu kommen, aber er hatte es ohne Therapie geschafft, damit aufzuhören. Von einem Tag auf den anderen. Er verstand es nicht genau, wie er das geschafft hatte, so wenig wie er es damals wirklich begriff, warum er mit den Drogen anfing. Der Ministerpräsident würde nicht nur die Anstalt aufsuchen. Sondern auch ihn. Ihn persönlich. In seinem Haftraum! Der Ministerpräsident persönlich, und mit ihm die Justizministerin. Allein das versetzte Welco in helle Aufregung, zudem machte ihm Sorge, dass irgendetwas falsch laufen, dass er etwas Falsches sagen oder tun könnte, das seine Entlassung verhindern würde. Noch hatte die Anstalt jederzeit die Möglichkeit, eine Stellungnahme ans Gericht zu schicken, mit der sie seiner Entlassung entgegentrat. Wer weiß, wie das Gericht dann entscheiden würde? Auf der anderen Seite war das Gespräch mit dem Ministerpräsidenten und der Ministerin vielleicht eine Möglichkeit, sich von der besten Seite zu zeigen und die Chancen auf eine Entlassung noch zu erhöhen.

Welco begann schon Wochen vor dem Besuch, seinen Haftraum zu reinigen. Immer wieder schrubbte er die vergilbte Kloschüssel, in der Hoffnung, ihr doch noch etwas Glanz zu geben. Dabei war es eher unwahrscheinlich, dass der Ministerpräsident die abgetrennte Toilette in Welcos Haftraum besichtigen oder gar benutzen würde. Bei Welco hingen, anders als bei den meisten anderen Inhaftierten, keine Bilder mit Pin-up-Girls an den Wänden. Er dachte lange nach, was seinen Besuchern gefallen könnte, und entschied sich schließlich für ein braunes Holzkreuz und ein Aquarell-Gemälde mit Alpenpanorama. Auch befestigte er einige Fotos von seinen Eltern und ein paar Freunden an der dafür vorgesehenen Pinnwand. Er hatte sie alle seit Jahren, zum Teil Jahrzehnten, nicht mehr gesehen, aber er dachte, der Ministerpräsident würde ihn eher als normalen Menschen ansehen, wenn er Familie und Freunde wie jeder andere auch hätte.

Für den Ministerpräsidenten würde es das erste Mal in seiner Amtszeit sein, dass er ein Gefängnis betrat, und für die Justizministerin das erste Mal, dass sie mit einem der Verwahrten sprach, aus deren Gefährlichkeit sie so viel politischen Profit bezog. Welco kannte den Ministerpräsidenten aus dem Fernsehen, von der Justizministerin wusste er noch nicht einmal den Namen. Den immerhin kannten die meisten Gefängnisbediensteten, einige sogar ihr Gesicht, da sie hin und wieder die Haftanstalten aufsuchte, wenn zum Beispiel ein neuer Gefangenentrakt eröffnet wurde. Vor der versammelten Zuhörerschaft aus ausgewählten Bediensteten, einigen Gefangenen, die Getränke reichten, dem Landrat, dem Oberbürgermeister und Vertretern der Medien erklang dann ihr Loblied auf Sicherheit der Allgemeinheit, Menschenwürde und Resozialisierung. Danach waren regelmäßig alle zufrieden, sie selbst am meisten, und man ging über zum kalten Buffet mit Blasmusik. Aber in einem Bereich, in dem Inhaftierte lebten, war sie noch nie gewesen, und Welco hatte wie die meisten Gefangenen nie von ihr gehört. Der Besuch des Ministerpräsidenten und der Justizministerin löste in der Anstalt schon Wochen vorher eine außergewöhnliche Geschäftigkeit aus. Gänge wurden gestrichen, Hafträume renoviert, Gefangene und Bedienstete möglichst gut behandelt. Der hohe Besuch sollte weder durch heruntergekommen wirkende Räumlichkeiten noch durch allzu laute Beschwerden von Gefangenen oder Bediensteten belastet werden. Allerdings wollten Ministerpräsident und Ministerin sowohl mit einem Verwahrten als auch mit Vertretern der Beamten sprechen, zweifellos um zu signalisieren: Wir haben unsere Finger am Puls der gesellschaftlichen Probleme und scheuen dabei kein Risiko. Die Anstalt stellte das vor große Herausforderungen. Welchen Verwahrten sollte man den Herrschaften zum Gespräch präsentieren? Nicht geeignet waren Gefangene und Verwahrte, die sich zu kritisch über die Haft äußerten oder angaben, schuldlos verurteilt worden zu sein. Von vornherein nicht in Betracht kamen auch Kinderschänder und andere Sexualstraftäter, irgendwie schien es sich nicht zu gehören, den Ministerpräsidenten damit zu konfrontieren.

Welco stand kurz vor einer möglichen Entlassung, nach so vielen Jahren Hoffnung und Bangen. Seine Straftaten waren nicht zu abschreckend, und sein Auftreten war höflich und zurückhaltend. Er wurde aus einer Gruppe von vielleicht zehn Inhaftierten ausgewählt, die man für nicht völlig ungeeignet hielt, dem Ministerpräsidenten unter die Augen zu treten. In den Wochen vor dem Besuch sprachen zahlreiche Beamte mit Welco, um ihn für den großen Tag zu sensibilisieren. Er dürfe selbstverständlich sagen, was er wolle, müsse sich allerdings bewusst machen, welche Folgen seine Äußerungen haben könnten. Nachdem Anstaltspfarrer, Psychologe und Abteilungsleiter mit Welco gesprochen hatten, wurde er dem Anstaltsleiter vorgeführt.

»Herr Welco, Sie wissen, dass es eine große Ehre ist, als Einziger von fast 900 Inhaftierten mit dem Ministerpräsidenten persönlich sprechen zu dürfen?«

Welco, der ohnehin vor Anspannung seit Tagen nicht richtig schlafen und essen konnte, wurde noch hibbeliger und knetete hektisch seine Hände. »Ja, ich weiß schon. Ja.«

»So ein Gespräch ist natürlich kein Gespräch wie jedes andere. Selbst ich bereite mich auf solche Gespräche vor!«

Welco nickte ergeben.

»Ich würde daher vorschlagen, dass wir das Gespräch einmal üben. Stellen Sie sich einfach vor, ich wäre der Ministerpräsident und würde zu Ihnen in den Haftraum kommen.«

Für Welco war es gar nicht so schwer, sich den Anstaltsleiter als Ministerpräsidenten vorzustellen. Beide erschienen ihm gleich weit entfernt, und beide hatten ungeheure Macht über ihn. Wenn der Direktor sich gegen seine Entlassung sperrte, hätte er schlechte Karten. Recht hin und Recht her. Er wusste das, und der Anstaltsleiter wusste es auch. Für beide war es ein Rollenspiel nah an der Realität. So saßen sie in der Ecke des Büros in einer Sitzgruppe aus Kunstleder, die Sekretärin hatte zum ersten Mal in ihrer über zehnjährigen Dienstzeit auch für einen Inhaftierten Kaffee servieren müssen, und der Anstaltsleiter begann: »Herr Welco, ich grüße Sie! Na, wie geht es Ihnen hier in der Anstalt?«

»Ich ... äh, gut«, stammelte Welco. »Herr Ministerpräsident!«

»Ach, das freut mich zu hören. Wie ist denn das Essen, die Verpflegung?«

Welco gewann langsam an Sicherheit. »Gut. Es schmeckt gut und ist sehr nahrhaft.«

»Und von der Menge her?«

»Mehr als ausreichend, Herr Ministerpräsident.«

»Das ist schön. Was gab es denn gestern?«

Welco überlegte eine Weile, um sich etwas besonders Leckeres, aber auch Gesundes einfallen zu lassen. »Gebratenes Hühnchen mit einem riesigen Salat!«

Dem Anstaltsleiter schienen kaum noch Fragen einzufallen, aber er hatte sich einen kleinen Spickzettel gemacht. Er stellte noch einige derartige Fragen, und Welco antwortete jedes Mal zu seiner vollsten Zufriedenheit. Damit war nun sicher: Welco durfte den Ministerpräsidenten sprechen! Als Welco das Büro des Anstaltsleiters in Begleitung eines uniformierten Beamten verließ, fühlte er sich, als hätte er es schon hinter sich.

V.

Als die präsidiale Autokolonne von der großen Straße auf den kleinen Platz vor dem Besuchereingang einbog, schien die ganze Anstalt in Vorfreude, aber auch etwas ängstlicher Spannung zu warten. Wie Kinder, deren Vater nach einer längeren Dienstreise zurückkehrt, und die sich sein Lob und seine Aufmerksamkeit erhoffen, aber auch seinen Tadel fürchten, falls sie während seiner Abwesenheit etwas falsch gemacht haben. Der Anstaltsleiter und ausgewählte Honoratioren der Anstalt begrüßten den Ministerpräsidenten und die Ministerin am Haupteingang. Beide, Präsident und Ministerin, wurden von einem Stab von Mitarbeitern umschwirrt. Die Beamten des Personenschutzes weigerten sich, ihre Waffen abzugeben, obwohl das innerhalb der Anstalt sonst Vorschrift war. Hier machte der Anstaltsleiter mit großzügigem Zwinkern eine Ausnahme, und der Ministerpräsident klopfte ihm anerkennend auf die Schulter. Als einer der anwesenden

Reporter den Präsidenten fragte, ob er Angst hätte, nun in die Anstalt hineinzugehen, erwiderte er, Angst nicht, aber Respekt. Was man halt so sagt.

VI.

Der Ministerpräsident und der Sicherungsverwahrte – beide Rollen waren Symbole, riesige Projektionsflächen, die den Menschen dahinter kaum noch wahrnehmbar machten. Der Ministerpräsident allmächtig, allverantwortlich, für die einen gütig, für die anderen böse. Und der Verwahrte? Auf ihn konnten alle kollektiven Gefühle von Angst und Wut projiziert werden. Irgendwo mussten diese Gefühle ja einen Halt finden, ein Ziel haben, sonst würden sie übermächtig, quälend, lähmend. Denn diese Gefühle sind zweifellos da. In allen Menschen, in manchen mehr, in manchen weniger. Und wer würde sich besser als Ziel und Gegenstand dieser kollektiven Gefühle eignen als ein Straftäter? Einer, der als so gefährlich galt, dass er sogar nach Verbüßung seiner Schuld noch weggesperrt werden musste! Er war die personifizierte Gefahr. Und das personifizierte Böse, ohne das es das Gute nicht gab, mit dem sich der Mensch außerhalb der Anstaltsmauern identifizieren kann. Und eine der Erwartungen und Fähigkeiten, die auf den Ministerpräsidenten projiziert wurden, bestand darin, diese Gefahr und das Böse in den Griff zu bekommen. Gab es ein noch größeres mögliches Machtgefälle? Ein noch stärkeres Aufeinanderprallen gewaltiger Symbole? Einen größeren Abstand zwischen ganz oben und ganz unten?

Der Tross hatte sich nach dem Gespräch mit der Anstaltsleitung im großen Konferenzraum langsam in Richtung des

Unterkunftsbereichs der Inhaftierten bewegt. Nun war es so weit. Man stand vor Welcos Haftraum, in dem der Inhaftierte kerzengrade verharrte, unfähig, sich zu bewegen, wie ein Soldat, der Haltung angenommen hat, um seine Stube durch den Feldwebel abnehmen zu lassen. Die Justizministerin hielt sich pflichtschuldig im Hintergrund. Sie duzte den Ministerpräsidenten, sprach ihn aber ohne jede Ironie mit Herr Ministerpräsident an. Im Haftraum schwieg sie andachtsvoll. Welco verbeugte sich leicht, als er dem Ministerpräsidenten die Hand gab. Er hatte sich eigentlich vorgenommen, etwas zu sagen wie »Grüß Gott, Herr Ministerpräsident, vielen Dank, dass Sie mich besuchen, es ist mir eine Ehre!«, brachte aber vor Aufregung kein Wort heraus. Nie zuvor hielten sich überhaupt so viele Menschen auf einmal in seinem elf Quadratmeter großen Haftraum auf, der seit über zwei Jahrzehnten sein Zuhause war. Nun standen da Herr Ministerpräsident, die Ministerin, zwei Referenten, der Anstaltsleiter und zwei Bodyguards. An der engen Tür drängten sich weitere Teilnehmer des präsidialen Besuchertrosses und Anstaltsbedienstete, die einen Blick auf das Geschehen erhaschen wollten. Gefangene hingegen sah man nicht. Aus Sicherheitsgründen blieben alle in ihren Hafträumen eingesperrt, nur ein einziger war geöffnet. Welcos Haftraum.

VII.

Während der Ministerpräsident Welco die Hand gab, sah er sich in dessen Haftraum um. »Na, Herr Welco, von Ihnen hört man ja nur das Beste!«

Welco nickte dankbar.

»Haben Sie das Spiel gestern gesehen?«

Welco verstand nicht ganz.

»Bayern gegen Nürnberg.«

Welco schüttelte den Kopf. »Ähhm, nein, ich ..., ich bin kein großer Fußballfan.«

Der Ministerpräsident schien darüber nicht sehr erfreut und ließ seinen Blick noch etwas durch die Zelle schweifen. »Bei Ihnen ist es ja sehr sauber! Haben Sie denn alles, was Sie brauchen?«

Welco nickte. »Ja, hier kann man sich wirklich nicht beschweren!«

Das schien den Ministerpräsidenten zu freuen. »Na dann wünsche ich Ihnen weiterhin alles Gute! Machen Sie weiter so!«

Sie gaben sich noch einmal die Hand, und der Tross verließ den Haftraum. Welco stand weiterhin unbeweglich da, und als sich der Schlüssel in der Tür von außen drehte, fragte er sich, ob er den Ministerpräsidenten verärgert hatte, weil er keinen Fußball mochte.

VIII.

Seine Sicherungsverwahrung wurde nicht ganz für erledigt erklärt. So weit wollte das Gericht nicht gehen. Aber sie wurde immerhin zur Bewährung ausgesetzt. Das hieß, dass er in Freiheit kam, die Bewährung aber widerrufen werden konnte, wenn er gegen Bewährungsauflagen verstieß. Insbesondere, wenn er erneut straffällig werden würde.

Als er die Anstalt, so viele Jahre sein Lebensmittelpunkt, verlassen durfte, war er zu ausgebrannt, um sich noch freuen zu können. Das Hoffen und Bangen der letzten Jahre hatte ihn ausgezehrt. Freiheit war in der Haft zur Illusion geworden, zum letzten Ziel, das es noch anzustreben galt. Nun wurde sie Realität, und bereits bei seinen ersten Schritten wurde Welco bewusst, dass die Freiheit dem Ideal nicht standhielt, das er sich in den Jahren ihrer Abwesenheit zurechtgelegt hatte.

Dennoch. Er freute sich vielleicht nicht sehr über die Freiheit, aber darüber, das Ziel erreicht zu haben. Gleichzeitig empfand er auch Wut. Er war nun alt und gesundheitlich angeschlagen. Wie viel wertvoller wäre die Freiheit für ihn gewesen, wenn er sie schon zehn, vielleicht auch nur fünf Jahre vorher hätte erleben dürfen? Nun würde ihn auf dem Arbeitsmarkt keiner mehr brauchen, zu schwerer körperlicher Arbeit war er ohnehin nicht mehr in der Lage. Er hatte während der Haft zahlreiche Beschwerden – von chronischen Rückenschmerzen bis zur nie ganz ausgeheilten Herzmuskelentzündung – bekommen. Er musste täglich starke Schmerzmittel und andere Tabletten nehmen. Auch psychisch war er angegriffen und bekam verschiedene Psychopharmaka verschrieben. Manchmal fragte es sich, ob es nicht gesünder gewesen wäre, gleich bei den Drogen zu bleiben. Aber die Arzneimittel wurden immerhin von der Krankenkasse bezahlt, denn durch die Anstellung beim Pfarrer verdiente er nicht viel. Ihm wurde erst jetzt richtig bewusst, welche Wut sich in den letzten Jahren in ihm angestaut hatte. In Haft war er darauf bedacht gewesen, sich angepasst zu verhalten, so dass er sich auch innerlich anpasste. Aggressionen gegen das System zu zeigen kann, solange man ihm unterworfen ist, tödlich sein. Nein, wenn er die Wut zugelassen hätte, säße er bis an sein Lebensende in Sicherungsverwahrung. Aber jetzt, jetzt begann er sie zu spüren.

IX.

Es dauerte nicht lange, bis die örtlichen Medien herausgefunden hatten, dass Welco in einem Übergangswohnheim für Haftentlassene in einem kleinen Ort wohnte. Ein Sicherungsverwahrter! Eine lebende Zeitbombe, eine Gefahr für die Kinder in der Umgebung! Täglich demonstrierten Anwohner vor dem Heim, das Welco nur noch unter Polizeischutz verlassen konnte. Ein örtlicher Landrat bezeichnete das Vorgehen der Demonstranten als Zivilcourage. Einige Landtagsabgeordnete der Regierungspartei dagegen, die in den letzten Jahren alles getan hatten, damit Sicherungsverwahrte nicht entlassen werden durften, und sie damit in den Augen der Bevölkerung zu Monstern machten, zeigten sich nun echauffiert über das Verhalten der Demonstranten. Welco jedenfalls hielt es in dem Übergangswohnheim nicht mehr aus, und die Polizei und andere Behörden halfen ihm, inkognito eine kleine Wohnung zu mieten.

X.

Nur wenige Tage im Monat brauchte ihn der Pfarrer, ansonsten hatte Welco kaum Kontakte zur Außenwelt und lebte von Sozialhilfe. Er wohnte in einer Einzimmerwohnung, die normalerweise an Studenten vermietet wurde.

Nach der Entlassung traf er sich gelegentlich mit einer etwa gleichaltrigen Frau, die mit ihm in der Haft eine Brieffreundschaft begonnen und ihn auch einige Male besucht hatte. Sie planten zu heiraten. Für beide war es ein Traum, ein Lebenstraum, eine Beziehung zu führen, wie jeder Mensch sie doch hat. Oder zu haben scheint.

Welco hatte noch nie eine feste Beziehung erlebt, sie war schon vier Mal verheiratet gewesen. Die beiden verband wohl eher die allgemeine Idee einer Beziehung und nicht der Wunsch, konkret mit dem anderen zusammen zu sein. Oder es lag daran, dass beide außerhalb der Anstaltsmauern andere Menschen waren. Sie redeten anders, verhielten sich anders, rochen anders, irgendwie sahen sie sogar anders aus. Jedenfalls trennte sich Welco nach einigen Wochen von ihr.

Aber er tat alles, um wieder auf die Beine zu kommen. Drogen nahm er ohnehin keine mehr. Und er wollte unbedingt eine richtige Arbeit. Um sich ein besseres Leben zu leisten und vor allem, um Kontakt mit Menschen und das Gefühl zu bekommen, gebraucht und anerkannt zu werden. Er bewarb sich überall, wo er sich mit seiner Qualifikation und seiner sehr eingeschränkten Arbeitsfähigkeit nur im Entferntesten Chancen ausrechnete. Vor allem bei Buchhändlern. Keiner wollte ihn haben, und Welco konnte das verstehen. Am liebsten hätte er selbst eine Buchhandlung eröffnet. In gewisser Weise verband er mit diesem Ort immer noch eine Art von Geborgenheit.

Er sprach mit dem Pfarrer darüber, der für ihn bürgen wollte, damit er entsprechende Räumlichkeiten anmieten konnte. Von dem in der Haft angesparten Geld, das nach seiner Überzeugung nicht auf die Sozialhilfe angerechnet werden durfte, kaufte er sich einige gebrauchte Einrichtungsgegenstände und bezog die ersten Bücher von den Verlagen. Er hatte vor, sich auf Knast-Literatur zu spezialisieren. Auf Bücher von Gefangenen, über Gefangene, über das Gefängnis und alles, was damit zusammenhing. Er wollte aus der Not eine Tugend machen und damit werben, dass er selbst sehr lange im Knast gesessen hatte.

Von Anfang an ging alles schief. Die Sozialbehörde hatte inzwischen herausgefunden, dass er doch noch über Gelder verfügt hatte, die auf seinen Anspruch auf Sozialhilfe hätten angerechnet werden müssen. Sie erstattete Anzeige wegen Betrugs und forderte Geld zurück, das Welco nicht mehr besaß. Mit seinem Laden machte er kaum Umsatz. Das Internet stellte für ihn eine völlig fremde Welt dar, zu der er in seinem Alter keinen Zugang mehr fand. In der Haft war keine Verbindung ins Internet möglich gewesen. Aus Sicherheitsgründen. Es bestand ja die Gefahr, die Gefangenen könnten Fluchtpläne aushecken oder sich darüber informieren, wie man eine Bombe baut. Welco fragte sich allerdings, wie man heute ernsthaft behaupten kann, jemanden in die Gesellschaft integrieren zu wollen, dem man über Jahre und Jahrzehnte den Zugang zum Internet verwehrt. So würde man höchstens auf ein Leben in Nordkorea, aber nicht auf eines in Deutschland vorbereitet. Er konnte für seinen Buchladen nicht im Internet werben und erst recht keine Bücher über das Internet vertreiben. Und sein Geld reichte bei weitem nicht dazu aus, jemanden mit der Erstellung einer Homepage zu beauftragen. So war er auf Laufkundschaft angewiesen, und die Gegend, in der er seinen Laden betrieb, gehörte nicht zu den besten. Die Menschen, die dort lebten und verkehrten, waren ohnehin keine großen Leser, und das, was sie lasen, sollte von einer anderen, einer besseren Welt erzählen. Nicht vom Knast.

Es dauerte nicht lange, bis Welco die Miete nicht mehr zahlen konnte und der Pfarrer für ihn einsprang. Für Strom- und andere Nebenkosten musste Welco selbst aufkommen. Dazu sah er sich nicht mehr in der Lage, und auch einige Buchrechnungen blieb er schuldig. Zu der Anzeige wegen Betrugs vom Sozialamt kam nun eine wegen Betrugs an seinen Gläubigern. Welco hatte große Angst, dass die Aussetzung der Bewährung seiner Sicherungsverwahrung widerrufen werde. Seine Gläubiger erwirkten Vollstreckungstitel, und eines Tages stand der Gerichtsvollzieher vor seiner Tür.

XI.

Welco fühlte sich seit einiger Zeit schon fast genauso, wie er sich im Gefängnis gefühlt hatte. Er war nicht der Herr im eigenen Hause. Äußere Zwänge bestimmten sein Handeln, sein ganzes Sein. Es gab mehr Rückzugsmöglichkeiten als im Gefängnis, aber innerlich fühlte er sich noch stärker unter Druck gesetzt und noch getriebener. Und jetzt stand er da, der Gerichtsvollzieher. Vor der Tür seiner Einzimmerwohnung. Er stellte sich vor und zeigte seinen Ausweis und einen Vollstreckungsbescheid. »Ich bin gesetzlich verpflichtet zu prüfen, ob es bei Ihnen pfändbare Dinge gibt. In Ihrer Wohnung.« Die junge Studentin aus der Nachbarwohnung trat wie zufällig gerade jetzt hinaus auf den Gang, um die Blumen zu gießen. Welco sagte nichts und bat den Gerichtsvollzieher mit einer resignierenden Handbewegung in die Wohnung. Er hatte ohnehin nichts. Einen alten Röhrenfernseher, einen Plattenspieler, ein paar Bücher. Das konnte man doch nicht zu Geld machen. Und sein Besteck und sein Bett würde man ihm doch nicht wegpfänden können, oder? Aber der Gerichtsvollzieher fand trotzdem etwas. In der Ecke, am Kopfende des Bettes. Das Didgeridoo. Das hatte seinen leiblichen Eltern gehört, und irgendwie war es die ganze Zeit über bei ihm geblieben. Es war ein sehr altes Originalstück, das nun großen Sammlerwert hatte. Aus Australien, hergestellt aus Eukalyptusholz, mit einer edlen Verzierung aus echtem Gold. Es machte Welco keinen Spaß, damit Musik zu machen, aber er fasste es gerne an, das Holz fühlte sich einfach gut an. Und es sah wirklich schön und edel aus. Es handelte sich um den einzigen Gegenstand, den er über all die Jahre durchgehend in seinem Besitz hatte. Während der Haft war es bei seiner Habe gewesen, die für jeden Gefangenen in der Kammer des Gefängnisses verwahrt wird. Die letzte materielle Erinnerung an seine Eltern. Seine richtigen Eltern. Der Gerichtsvollzieher nahm das Instrument mit dem prüfenden Blick eines Kenners in die Hand: »Das hier könnte etwas sein. Ich denke, das ist von einigem Wert. Dafür gibt es bestimmt einen Markt!«

XII.

Welco fühlte sich gedemütigt, weiter in die Enge gedrängt, hilflos. Und wütend. Maßlos wütend. Sein Zimmer wurde zum Haftraum. Ein fremder Mensch kam herein, kontrollierte alles, sah in jede Schublade hinein und entschied, was drinnen bleiben durfte und was nicht. Alles, was sich in den letzten Jahren in Welco aufgestaut hatte, schien heute, hier und jetzt, raus zu müssen. Er hatte das Gefühl, innerlich zu explodieren, wenn er sich nicht endlich Luft machte. Das Didgeridoo war sein persönlichstes Stück. Der psychiatrische Gutachter würde später im Prozess zu Protokoll geben, das Instrument sei Symbol für den Penis des Vaters, mit dem Welco unbewusst die Kompetenz und Durchsetzungsfähigkeit verband, die ihm selber so schmerzhaft fehlte. Er entriss dem Gerichtsvollzieher das Didgeridoo, holte aus, zog voll durch wie mit einem Baseballschläger und schlug den Gerichtsvollzieher mit brutaler Wucht in die Seite. Der Gerichtsvollzieher brach sich einen Arm und ein paar Rippen. Er konnte aus psychischen Gründen nie wieder in seinem Beruf arbeiten. Er, der nur seine Arbeit machte, konnte nichts für Welcos Wut. Die, die zu dieser Wut beigetragen hatten, saßen in sehr sicherer Entfernung, in ihren abbezahlten Einfamilienhäusern, in ihren Dienstwagen, hinter ihren Schreibtischen. Welco würde bis an sein Lebensende hinter Gittern bleiben. Und alle, die ihn schon immer für gefährlich gehalten hatten, fühlten sich nun bestätigt.

II

DIE FRAU IM KÄFIG

I.

Er sah sie zum ersten Mal im Schimpansen-Käfig. Und obwohl es nur sehr kurz war und er ihr Gesicht nur von der Seite erblickte, ging sie ihm von da an nicht mehr aus dem Kopf. Mehr noch: Alles, was er von nun an tun sollte, würde er in Bezug zu ihr tun.

II.

Bei weitem nicht alle Straftäter, die von Gutachtern als höchst gefährlich eingeschätzt werden, sind es tatsächlich. Das stellt sich beispielsweise dann heraus, wenn ein Inhaftierter aus rechtlichen Gründen entlassen werden muss, obwohl ihn mehrere psychologische und psychiatrische Experten unabhängig voneinander so eingestuft haben. Ihrem Urteil zufolge müsste er bereits kurze Zeit nach der Entlassung eine schwere Straftat begehen, was nicht den Erfahrungen entspricht. Auch die umgekehrten Fälle gibt es, in denen Gutachter einen Sicherungsverwahrten für ungefährlich halten und das Gericht sich dieser Einschätzung anschließt und den Verwahrten entlässt. Oder in denen sich die Anstalt der

Einschätzung anschließt und einem Verwahrten Ausgang gewährt, der dann in Freiheit schwerste Straftaten bis hin zum Mord begeht. Nie kann mit absoluter Genauigkeit überprüft werden, wie groß die Anzahl der Fälle ist, in denen die Einschätzung der Gutachter zutrifft. Denn wenn ein Sicherungsverwahrter eingesperrt bleibt, weil die Gefahr, dass er in Freiheit wieder massive Straftaten begeht, als zu groß eingeschätzt wird, kann es natürlich nicht zu einer Überprüfung der Prognose kommen.

III.

Ulf saß nach der Verbüßung von zwölf Jahren Freiheitsstrafe in Sicherungsverwahrung. Er hatte wenige Monate nach der Verbüßung der Höchstjugendstrafe von zehn Jahren wegen des Sexualmordes an einer Mitschülerin ein minderjähriges Mädchen im Umkreis eines Badesees brutal vergewaltigt. Wenn nicht ein Passant auf ihre Schreie aufmerksam geworden und ihr zur Hilfe gekommen wäre, hätte er sie womöglich auch umgebracht.

Sein Fall ging deutschlandweit durch alle Medien, und auch jetzt noch, nach so vielen Jahren, war Ulf eine Art düsterer Prominenter. Er stand weiterhin im Fokus des medialen Interesses und damit auch der Politik. Bei ihm durfte nichts falsch laufen.

Das Bundesverfassungsgericht fordert für jeden Sicherungsverwahrten eine individuell zugeschnittene Therapie, damit seine Gefährlichkeit so weit gesenkt werden kann, dass er zumindest die Chance hat, wieder in Freiheit zu kommen. Wenn man Ulfs Akten las, musste man sich fragen, wie dies bei so einem Menschen gelingen sollte. Er kam aus einem, soweit man das beurteilen kann, unauffälligen, heilen, liebevollen Elternhaus. Sein Vater war Psychotherapeut mit eigener Praxis, seine Mutter Erzieherin im Kindergarten. Ulf hatte noch eine größere Schwester, die später Lehrerin wurde und sich nie strafbar gemacht hatte.

Ulf fiel schon im frühen Kindesalter durch sadistische Verhaltensweisen auf. Er quälte Katzen und brachte sie um, malträtierte Schwächere, indem er brennende Zigaretten auf ihrem Gesicht ausdrückte, und im Alter von elf Jahren missbrauchte er zusammen mit anderen eine gleichaltrige Mitschülerin sexuell. Er wurde von verschiedensten Fachleuten behandelt und begutachtet, und zwischenzeitlich hatte die Familie immer wieder die Hoffnung, seine schädlichen Neigungen würden sich irgendwie »herauswachsen«. Aber dann, im Alter von achtzehn, verübte er den Mord, für den er zum ersten Mal in Haft kam. Und beging kurz nach der Haftentlassung die nächste schlimme Gewalttat. Diesen Mann, der nun über vierzig war und mehr als zwanzig Jahre seines Lebens in Haft verbracht hatte, sollte man so therapieren, dass er keine Gefahr mehr für andere darstellte? Unmöglich, möchte man meinen. Wenn man ihm dann allerdings gegenübersaß und den Menschen und nicht seine Akte sah, dann schien das weit weniger aussichtslos.

Im persönlichen Umgang empfanden ihn alle als sehr angenehm. Ruhig und höflich. Er sprang einem nicht an die Kehle, er beleidigte einen auch nicht mit Worten. Man konnte es sich beim besten Willen nicht vorstellen, dass er jemanden vergewaltigte oder umbrachte. Vielleicht hatte er sich im Laufe der vielen Jahre wirklich geändert? Und außerdem, war es nicht gerade Ausdruck eines menschenwürdigen

Rechtsstaates, auch Menschen wie Ulf nicht jede Chance zu nehmen, wieder in Freiheit zu kommen? Oder wäre es eher eine nicht hinzunehmende Kapitulation von Wissenschaft und Fortschritt sowie der Allmacht des Staates, einzusehen und einzugestehen, dass nicht jeder therapiert werden kann?

Wie dem auch sei, Ulf musste therapiert werden. Die Wahrscheinlichkeit, dass sonst irgendwann ein Gericht entscheiden könnte, Ulf sei zwar noch hoch gefährlich, aber aus Gründen der Verhältnismäßigkeit zu entlassen, weil der Staat nicht genügend gegen diese Gefährlichkeit unternommen hätte, war zu groß. Und Ulf war ein dankbarer Patient. Er war reflektiert und konnte alles, was die Therapeuten in ihm sahen, auch verstehen. Was konnte mehr verlangt werden, als dass er verstand? Bei vielen anderen Patienten war das nicht der Fall, auch nicht nach mehrjähriger intensiver Therapie. Was Ulf allerdings offenbar noch fehlte, war Empathie. Die Entwicklung eines Mitgefühls in der Form, nicht nur zu verstehen, was seine Opfer empfinden, sondern es auch als eigenes Leid zu spüren, war schließlich das erklärte Ziel der therapeutischen Bemühungen.

Ulf wusste, was Empathie war. Wie sie von anderen in Worte gefasst und wie sie gelebt wurde. Ob er sie selbst empfand? Vielleicht ist es einigen Menschen möglich, die Empathie ein- und auszuschalten, je nach persönlichem Bedarf. Jedenfalls entwickelte er im Laufe der therapeutischen Behandlung zunehmend die Fähigkeit, sich empathisch zu verhalten. Seine sadistischen Neigungen, Vorstellungen und Träume verschwanden nicht gänzlich und wurden immer wieder in den Therapiegesprächen thematisiert, aber sie waren über die Jahre durch die Fähigkeit zum Mitgefühl so stark zurückgedrängt worden, dass sie nicht wieder die Kontrolle über ihn bekommen würden. Davon waren die Therapeuten überzeugt. Wofür hätten sie sonst so viele Jahre so hart gearbeitet?

Zwanzig Aktenbände waren mittlerweile gefüllt und Hunderte Therapieberichte geschrieben. Die Gutachter sahen es genauso. Ulf war auf einem guten Weg. Er sollte, wie es in der Fachsprache heißt, langsam gelockert werden. Zuerst sollte er einige Stunden außerhalb der Anstalt unter Aufsicht von zwei Bediensteten verbringen, dann unter der Aufsicht von einem Bediensteten, später allein, dann mit Übernachtung außerhalb der Anstalt, so dass er schließlich irgendwann entlassen werden konnte.

IV.

Ulf hatte einiges gelernt im Verlaufe seiner Therapie. Vor allem, wie die anderen denken, wie sie »ticken«. Die, die nicht vergewaltigen und morden. Und er hatte gelernt, dass sich Ehrlichkeit nicht auszahlte. Es kam darauf an, ehrlich und glaubwürdig zu wirken. So machten es doch die anderen mit ihm auch. Es konnte ihm kein Mensch erzählen, dass die Therapeuten tatsächlich an ihm als Person interessiert waren. Und vor allem an ihm als gleichwertigem Menschen. Sie machten ihre Arbeit. Das war alles.

Er wusste, dass der Leiter der Therapieabteilung, ein Psychiater, ein Verhältnis mit einer uniformierten Beamtin pflegte. Der Psychiater war verheiratet und hatte drei Kinder. Und er war der Dienstvorgesetzte der ebenfalls verheirateten Beamtin, er beurteilte sie und hatte damit deutlichen Einfluss auf ihre Karriere. Was hätten die beiden wohl getan, wenn sie in einem Staat lebten, in dem das alles strafbar wäre, was sie taten? Hätten sie sich jahrelang einsperren und therapieren lassen? Würden sie die Therapie dann für so sinnvoll und richtig halten, wie sie es jetzt, von der anderen Seite aus, behaupteten?

Wobei sich Ulf nicht sicher war, ob sie überhaupt an das glaubten, was sie taten. Vielleicht stellte sich für sie die Frage des Glaubens auch gar nicht so sehr. Mit Inhaftierten zu arbeiten ist ja in einiger Hinsicht auch leichter als die Arbeit mit Patienten in Freiheit. Dort findet zumindest eine gewisse Qualitätskontrolle der Arbeit statt, da auf Dauer weniger Patienten zu einem Arzt kommen, der ihnen nicht hilft. Im Gefängnis kommen immer und automatisch genug Patienten. Wie diese selbst die Behandlung beurteilen, spielt keine Rolle, und ob sie erfolgreich gemäß der staatlichen Zielsetzung der Reduzierung von Gefährlichkeit ist, wird kaum hinterfragt. Das Ergebnis der therapeutischen Tätigkeit im Gefängnis ist also weitgehend uninteressant. Wichtig ist, dass überhaupt etwas gemacht wird, sonst könnte die Öffentlichkeit oder das Bundesverfassungsgericht unruhig werden. Außerdem musste die Haftzeit irgendwie mit dem Anstrich des Sinnvollen über die Bühne gebracht werden. Es hat auch große Vorteile, in so einem System zu arbeiten und dabei besser zu verdienen als die meisten Therapeuten in Kliniken, was etwaige Zweifel am eigenen Wirken besänftigen konnte. Zweifel haben eher die zu Therapierenden. Wie Ulf.

Ulf sah sich jedenfalls selbst nicht als schlechten Menschen. Wer das tut, wird depressiv, und Ulf war nicht depressiv, auch wenn das für viele eine Folge der Strafe war. Er konnte sexuelle Erregung nur in Verbindung mit einem absoluten Machtgefühl über die Frau empfinden. Und dieses absolute Machtgefühl entstand eben nur, wenn die Frau nicht einverstanden war mit dem, was er tat. Wenn sie sich wehrte, verzweifelt wehrte. Wenn sie um ihr Leben kämpfte, wenn sie alles, was an Kraft und Willen in ihr lag, seinem Willen entgegensetzte. Und wenn sich dann sein Wille durchsetzte, dann erst war es da, dieses Gefühl der absoluten Macht. Es wäre nicht das Gleiche, wenn sich ihm eine Frau willig hingäbe. Das war ohne jeden Reiz. So, wie es für Menschen, die gerne diskutieren oder streiten, reizlos ist, wenn das Gegenüber immer gleicher Meinung ist. Oder wie es für Boxer reizlos ist, gegen einen Gegner zu kämpfen, der sich nicht wehrt. Genauso verhielt es sich bei ihm. Nur mit tödlichem Ausgang. Und die Triebkraft dahinter war die stärkste der menschlichen Existenz, der Sexualtrieb. Und das wollte man ihm allen Ernstes wegtherapieren? Oder ihn zumindest so therapieren, dass er seinen Sexualtrieb nicht mehr auslebte? Würden seine Therapeuten denn auf das Ausleben ihres eigenen Sexualtriebs verzichten, wenn er strafbar wäre? Würde der Psychiater dann seine Finger von der fünfzehn Jahre jüngeren Beamtin lassen und andersherum? Oder würden sie einfach nur versuchen, nicht dabei erwischt zu werden?

Wenn Ulf es sich aussuchen könnte, würde er sie natürlich gerne loswerden, diese kranke Ausformung seiner Triebe, und sie eintauschen gegen normale, legale Bedürfnisse. Aber das ging nicht. Beim besten Willen nicht. Und irgendwie mussten das doch auch die Therapeuten wissen. Oder zumindest ahnen. Aber vielleicht war es so, dass der Mensch aus Selbstschutz wenige Fragen über Dinge stellt, die er selbst kaum ändern kann? Und wenn die Therapeuten den Wert ihrer Arbeit infrage gestellt hätten, hätten sie zum einen Probleme mit ihren Vorgesetzten bis hin zum Justizministerium bekommen. Dort wird der Sinn der Tätigkeit definiert, und es ist nicht Aufgabe untergeordneter Bediensteter, daran zu zweifeln.

Zum anderen, wo sollten sie dann ihr Geld verdienen? Mit fünfzig noch einmal das sichere Beamtendasein verlassen? Wer kann schon jemanden brauchen, der die letzten zwanzig Jahre im Gefängnis gearbeitet hat? Also tut man gut daran, nicht infrage zu stellen, was ohnehin nicht zu ändern ist, und therapiert weiter. Befriedigung in der Arbeit kann man sich dann durch Beziehungen holen, wie sie der Psychiater und die Beamtin hatten. Ulf war intelligent genug, das alles zu sehen. Er spielte das Spiel einfach mit. Und er spielte es gut.

V.

Ob er schon lange vorhatte, das zu tun, was er später tun würde? Ob er es schon wusste, als er sich mit den Gutachtern unterhielt? Als er mit seinem Bezugstherapeuten den Ausgang vorbesprach? Als er die zahlreichen von zwei Beamten in Zivil begleiteten Ausgänge beanstandungslos absolvierte? Als er dann, nach siebzehn Jahren Haft, zum ersten Mal alleine und ohne Aufsicht die Anstalt verlassen durfte und abends wieder vorschriftsgemäß zurückkehrte? Und als er, nach einigen solcher Tagesausgänge, die alle in zahlreichen therapeutischen Gesprächen vor- und nachbereitet worden waren, endlich auch eine Nacht außerhalb der Anstalt verbringen durfte? Keiner weiß das oder wird es je wissen. Aber als sie ihn in den Zoo ausgeführt hatten und er sie sah, wie sie den Schimpansenkäfig reinigte, wusste er, dass er mit seinen Therapeuten darüber hätte reden müssen, was er bei ihrem Anblick empfunden hatte. Es war nicht sein Wunsch gewesen, in den Zoo zu gehen, aber es war ein beliebter Ort für Ausführungen, da er nahe an der Anstalt lag. Auch hielten sich nicht allzu viele Menschen dort auf, es war nicht so unübersichtlich wie etwa in der Fußgängerzone im Innenstadtbereich. Aber einige Besucher spazierten immer durch den Zoo, und die Therapeuten wollten sehen, wie Ulf sich im Kontakt mit ihnen verhielt.

Irgendetwas mussten sie in die Akten schreiben. Letztlich konnten das nur oberflächliche Beobachtungen sein wie »weicht Augenkontakten aus« oder Ähnliches. In ihn hineinsehen konnten sie nicht. So erkannten sie das Problem nicht: dass er die Frau im Käfig gesehen hatte. Er selbst kam aus einem Käfig, aus der Machtlosigkeit, und sah nun, in relativer Freiheit, wenn auch in Begleitung der Beamten, die Frau, wie sie im Käfig den Mist der Affen aufkehrte. Vielleicht war es genau das, was ihn erregte, und es wäre ihm bei jeder anderen Frau in dieser Situation genauso gegangen. Nun aber war er auf sie fixiert, unwiderruflich fixiert, auch wenn er sie irgendwann außerhalb des Käfigs wiedersehen würde. Aber er wusste, dass es zu gefährlich gewesen wäre, das bei der Nachbesprechung zu der Ausführung zu Wort zu bringen.

Wie die Therapeuten das, was er sagte, einordneten, konnte er nie ganz sicher wissen. Außerdem wechselte das therapeutische Personal ziemlich oft. Was, wenn ein neuer Leiter der Therapiestation kam und in den Akten las, dass er beim Anblick einer Tierpflegerin sexuelle Gelüste entwickelte? Nicht auszuschließen, dass er dann alle Lockerungen gestoppt hätte und seine Entlassung in weite Ferne gerückt wäre. Nein, wenn es nur um ihn und seine Neigungen gegangen wäre, dann hätte er es vielleicht thematisiert, aber so wäre es ein großer taktischer Fehler gewesen. Also schwieg er, und alles lief weiter nach Plan.

VI.

Auch der erste Ausgang alleine, ohne Begleitung durch Beamte, funktionierte. Die erste Übernachtung verlief ebenfalls ohne Auffälligkeiten. Er fuhr mit dem Zug zu einem Cousin, dem einzigen Verwandten, mit dem er noch Kontakt hatte, seit seine Eltern und seine Schwester sich endgültig von ihm abgewandt hatten, und kehrte am nächsten Tag rechtzeitig in die Anstalt zurück. Nachdem er das etwa ein Jahr lang regelmäßig gemacht hatte und noch einmal ausführlich begutachtet worden war, wurden ihm dreitägige Ausgänge genehmigt. Beim ersten Mal durfte er am Donnerstag mittags die Anstalt verlassen und musste erst am Sonntagnachmittag zurückkommen. Aber er kam nicht zurück.

VII.

Die Fälle, in denen Inhaftierte Lockerungen des Vollzuges zur Flucht oder zur Begehung von Straftaten missbrauchen, sind extrem selten. Aber das schien so ein Fall zu sein. Ulf war nicht zur vereinbarten Zeit zurück, und der Beamte an der Torwache informierte nach telefonischer Rücksprache mit dem Anstaltsleiter die Polizei. Diese schrieb Ulf sofort zur Fahndung aus. Auch das therapeutische Team wurde umgehend telefonisch benachrichtigt. Es machte sich große Sorge breit. Meist sind Inhaftierte, die Ausgang bekommen, eher

Kleinkriminelle oder reine Vermögensstraftäter wie zum Beispiel Betrüger. Wenn diese nicht rechtzeitig zurückkommen, ist das zwar ein zu ahndender Verstoß, lässt aber kaum auf ein Szenarium schwerwiegender Probleme schließen. Oft stellen sich die Betreffenden ein paar Tage später selbst, weil sie merken, dass das Leben draußen auf der Flucht viel zu schwierig ist, oder sie werden bald von der Polizei gefasst. Manchmal haben sie auch einfach nur den Zug verpasst oder entgegen ihrer Weisungen etwas getrunken und die rechtzeitige Rückkehr verschlafen. Wenn sie wieder Straftaten begehen, sind es meist keine allzu gravierenden. Bei Ulf könnte das anders sein. Ganz anders.

VIII.

Fast automatisch trieb es ihn in den Zoo. Er hatte es nicht geplant oder zumindest den Gedanken an diese Möglichkeit verdrängt. Aber als er am Sonntag wieder in die Stadt zurückkehrte und am Bahnhof stand, wurde ihm bewusst, dass er noch einige Stunden Zeit hatte. Er musste in den Zoo gehen, der noch eine Weile geöffnet bleiben würde. Er kaufte sich eine Eintrittskarte und ging direkt zum Affengehege. Er sah die Frau nirgends. Auch in der näheren Umgebung konnte er sie nicht entdecken. Nachdem er eine halbe Packung Zigaretten geraucht hatte und immer wieder am Gehege entlanggestreift war, wie ein Löwe, nur an der Außenseite der Gitter, wollte er gerade aufgeben. Da sah er sie, nicht im Gehege, sondern, zusammen mit einem Kollegen, beide in ihrer grünen Arbeitskleidung, den Weg zum Affengehege hinaufgehen.

IX.

Als Ulf am Montag immer noch nicht zurück war, wuchs die Sorge in der Anstalt. Welchen Grund sonst sollte es geben, außer dass er eine neue Straftat begangen hatte? Zu fliehen hätte keinen Sinn gehabt, er wäre doch ohnehin in absehbarer Zeit entlassen worden. Und Alkohol oder Drogen hatte Ulf noch nie konsumiert.

Auch das Ministerium war über Ulfs Nichtrückkehr informiert. Es wurden bereits erste Berichte angefordert, um sich für den Fall der Fälle abzusichern. Klar war, dass dem Ministerium kein Fehler nachzuweisen sein durfte, und klar war auch, dass der Öffentlichkeit, den Medien und den politischen Gegnern irgendein Schuldiger präsentiert werden musste, falls das Ministerium unter Beschuss kam. So musste die Anstalt innerhalb von Stunden dazu Stellung nehmen, ob die Vorbereitung für Ulfs Ausgang nichts an Sorgfalt vermissen ließ, ob seine bisherigen Ausgänge gut nachbereitet worden waren, warum er ausgerechnet an diesem Wochenende ausgehen durfte usw. Auch mussten dem Ministerium unverzüglich die Akten vorgelegt werden. Wenn erforderlich, würde sich irgendein Fehler finden lassen. Warum beispielsweise war dem Ministerium die »entscheidende« Tatsache vorenthalten worden, dass Ulf sich bei seinem letzten Ausgang mit seinem Cousin gestritten hatte, auch wenn der Streit wieder beigelegt und therapeutisch aufgearbeitet worden war? Warum hatte die Anstalt bei dem Ausgang keine zusätzlichen Sicherungsmechanismen eingebaut, beispielsweise Ulf verpflichtet, sich stündlich telefonisch an der Torwache zu melden? Und so weiter, und so fort.

In der Anstalt war dieser Mechanismus natürlich wohlbekannt, und so versuchte auch hier jeder hektisch, sich abzusichern. Der Anstaltsleiter hatte es ohnehin durch ein ausgeklügeltes System aus Verfügungen und Zuständigkeitsregelungen geschafft, in den meisten problematischen Fällen seinen Stellvertreter unterschreiben zu lassen. Dieser hatte auch Ulfs Ausgangsgenehmigung unterzeichnet und holte nun seinerseits zahlreiche Stellungnahmen von Ulfs Therapeuten ein.

X.

Ulf musste sich irgendwo verstecken. Gleich würde der Zoo schließen. Er sah sich nach allen Seiten um. Niemand beobachtete ihn. Einige wenige Besucher gingen noch in Richtung Ausgang. Die Frau war mit ihrem Kollegen in dem Gebäude verschwunden, in dem sich der innere Teil des Affengeheges befand. Ulf lief zu einem kleinen Park in der Mitte des Tierparks. Dort stand auch eine Gruppe von dicht bewachsenen Laubbäumen. Er sah sich noch einmal um und kletterte blitzschnell auf einen der Bäume. Man musste schon sehr genau hinsehen, um ihn dort zu erkennen. Er selbst hatte aber das Gebäude mit dem Affengehege gut im Blick.

XI.

Abends dann der große Schock in der Anstalt. Die Medien berichteten über den Fund einer Leiche. Einer weiblichen Leiche. In der Nähe der Anstalt. Im Zoo.

XII.

Ulf hatte die Leiche gut versteckt. In einer verschlossenen Tonne, in der ansonsten Futter für die Affen lagerte war. So fand man sie erst am Montag. Ermordet wurde die Frau am Sonntag. Und mehrfach vergewaltigt. Nach der Tat gelang es Ulf, den Zoo zu verlassen, ohne gesehen zu werden. Er kaufte sich in einem Kiosk in der Nähe etwas zu essen und zu trinken. Die Kioskbesitzerin würde später als Zeugin aussagen, dass Ulf sehr gelöst und bester Dinge gewirkt hätte. Aber er wusste natürlich, dass bald die Fahndung nach ihm ausgelöst werden würde, und hatte nicht viel Geld bei sich. So versteckte er sich im Wald, wurde aber bereits in der Nacht von Montag auf Dienstag gefasst, aufgespürt durch die Nachtsichtgeräte der Polizeihubschrauber und die Hundestaffeln am Boden. Auch bei seiner Festnahme wirkte er nicht panisch oder verzweifelt, sondern eher wie einer, der ein Spiel verloren hat, ein andermal aber wieder gewinnen würde.

XIII.

Die medial stark unter Druck geratene Justizministerin verfügte den sofortigen Stopp aller Lockerungen für alle Sicherungsverwahrten und berief eine Arbeitsgruppe ein, die die geltenden Vorschriften neu überarbeiten sollte. Nicht gerüttelt wurde allerdings an den beiden Grundpfeilern der Sicherungsverwahrung: der Annahme, dass die Gefährlichkeit von Menschen, auch im Hinblick auf das Begehen von Straftaten während Lockerungen, prognostiziert werden kann, und der Annahme, dass diese behauptete Gefährlichkeit durch therapeutische Maßnahmen zu reduzieren ist. Im Ergebnis wurden daher in erster Linie die Berichtspflichten erhöht. Die Anstalt musste nun dem Justizministerium über jedes vor- und nachbereitende Gespräch der Lockerung eines Sicherungsverwahrten schriftlich Bericht erstatten. Dieses Ergebnis, das bereits wenige Wochen nach dem Vorfall mit Presseerklärung veröffentlicht wurde, fand allerdings kaum noch öffentliche Beachtung.

Der Anstaltsleiter wurde währenddessen vom Justizministerium mit Berichtsaufträgen überhäuft. Unter anderem musste über jeden der etwa sechzig Sicherungsverwahrten ein umfangreiches Exposé erstellt werden, das die gesamte Biografie, die (zum Teil schon mehrere Jahrzehnte andauernde) Haftzeit und die Planungen für die Zukunft enthalten sollte. Mehrere Verwaltungsangestellte waren einige Wochen lang fast ausschließlich mit dem Erstellen dieser Exposés beschäftigt. Außerdem wurde die Anstalt aufgefordert, den Vorfall rückhaltlos aufzuklären. Alle Mitarbeiter der Therapieabteilung mussten daraufhin der Anstaltsleitung über den Kontakt, den sie über die Jahre mit Ulf hatten, schriftlich Bericht erstatten. Insbesondere mussten sie dabei auf die Vermerke in Ulfs Akte eingehen, die sie angefertigt hatten. »Sie haben am ... in der Akte vermerkt, der Verwahrte hätte einen verschlossenen Eindruck gemacht. Was haben Sie daraufhin veranlasst?« Einige Mitglieder des therapeutischen Teams meldeten sich nach einigen Tagen krank, zum Teil für mehrere Monate. Der Therapiebetrieb kam so fast zum Erliegen. Der Anstaltsleiter ging seinerseits gegen das Ministerium in die Offensive, indem er mehr therapeutisches und sonstiges Personal forderte. Dieses Ersuchen war, wie jeder wusste, wenn überhaupt, nur sehr langfristig zu erfüllen, aber bei allem, was das Ministerium zu kritisieren hatte, konnte der Anstaltsleiter so oft ins Feld führen, dies läge an der zu knappen Personalausstattung.

Die Gutachten, die Ulf eine vertretbar geringe Gefahr der Begehung von Straftaten während der Lockerungen bescheinigt hatten, wurden durch das Justizministerium einer fachlichen Kontrolle unterzogen. Allerdings war dort kein einziger Psychologe oder Psychiater beschäftigt, sondern ausschließlich Juristen und Verwaltungsbeamte. Diese konnten die Prüfung der Gutachten also lediglich einem anderen Gutachter übertragen, der nach einigen Monaten zu dem Ergebnis kam, dass die Gutachten an sich fachlich fehlerfrei seien. Die darin prognostizierte »lediglich geringe« Gefahr hätte sich eben leider verwirklicht.

XIV.

Ulf wurde in einem mehrmonatigen Verfahren zu einer lebenslangen Freiheitsstrafe mit besonderer Schwere der Schuld und anschließender Sicherungsverwahrung verurteilt. Darin lag einige Symbolik, denn die lebenslange Freiheitsstrafe würde nur zur Bewährung ausgesetzt werden, wenn dies mit den Sicherheitsinteressen der Allgemeinheit in Einklang zu bringen wäre. Dazu aber müsste Ulf als nicht gefährlich eingeschätzt werden. Aber darum ging es nicht. Der Rechtsstaat hatte zumindest symbolisch deutlich Flagge gezeigt. Mehr konnte er nicht tun. Gegenwärtig wird Ulf wieder therapiert.

III

DER ZIRKUSDIREKTOR

I.

»Wissen Sie, was der Unterschied zwischen einem Knast und einem Zirkus ist?« Erwartungsvoll sah er mich an, und ich tat ihm den Gefallen, fragend den Kopf zu schütteln. So könnte er mich durch seine Erklärung ins Staunen versetzen und wäre in seinem Element. Denn er war Zirkusdirektor. Zirkusdirektor und Zauberer. Vielmehr, er war es, bevor er eingesperrt wurde. Nun betrachtete man ihn, wie jeden anderen auch, der vorher Vater, Ehemann, Bruder, Sohn, Freund, Angestellter, Chef, Arbeiter, Arbeitsloser, Maurer oder Student war, nur noch als eines: als Gefangenen.

Obwohl er kaum über einen Meter fünfzig maß, gehörte er zu den Menschen, die einen Raum füllen. Er sprach etwas lauter, als es notwendig gewesen wäre, um ihn zu verstehen, und lachte lauter, als es der reine Ausdruck von Freude erfordert hätte. Seinen Bauch, der in der Haft deutlich zugenommen hatte, trug er stolz wie eine Schwangere vor sich her, und einen akkurat kurz geschnittenen Schnurrbart wie seinen sah man sonst nur noch in alten Mafia-Filmen. Auch sein sehr spärliches Haupthaar war fein säuberlich auf einige Millimeter Länge zurechtgestutzt. Er trug eine Kette mit einem dicken goldenen Kreuz und mehrere wuchtige Ringe, die an seinen kleinen Fingern und Händen noch klobiger wirkten. Triumphierend sah er mich an. »Wir Künstler führen im Zirkus etwas vor, das wir jahrelang gelernt und geübt haben, und wir führen es nur vor, wenn jemand zusieht und uns dafür bezahlt. Das ist die Vereinbarung, das ist das Geschäft. Wir können etwas, das die Zuschauer nicht können und niemals könnten, oder von dem sie zumindest denken, dass sie es niemals könnten. Wilde Tiger dressieren, Akrobatik, Kunststücke, Zaubertricks. Wir bringen die Zuschauer zum Staunen, indem sie etwas zu sehen bekommen, das sie sonst nie zu sehen bekommen. Etwas Außergewöhnliches, etwas Spannendes. Die Zuschauer können für einige Zeit eine Welt betreten, die ihnen sonst fremd ist. Eine abenteuerliche Welt mit wilden Tieren und wagemutigen Menschen. Und das in völliger Sicherheit, ohne sich selbst in Gefahr zu begeben.«

Mir war nicht ganz klar, worauf er hinauswollte. Knast war doch etwas völlig anderes als Zirkus, so dass man höchstens fragen könnte, was beide gemeinsam hätten, und nicht, was der Unterschied sei.

»Und im Knast«, fuhr er fort, »da sind wir, die Gefangenen, diejenigen, mit denen Sie Kunststücke vorführen, mit denen Sie die Zuschauer zum Staunen bringen und zum Schaudern. Wir sind die wilden Tiere, vor denen man Angst haben müsste, wenn sie nicht durch Sie gebändigt würden. Wie der Löwe im Zirkus dazu dressiert ist, durch einen brennenden Reifen zu springen, so schaffen Sie es, den Mörder zu einem rechtschaffenen Bürger zu machen. Die hohe Kunst der Resozialisierung! Da staunt das Publikum! Und das ohne eigene Gefahr. Denn solange der Mörder gefährlich ist, bleibt er ja im Knast. So wie wir durch den Zirkus ein Stück Wildnis und Abenteuer in die bürgerliche Welt bringen, so tun Sie das im Knast. Da können böse Menschen besichtigt werden! Wilde, zügellose, hemmungslose Menschen, die das ausgelebt haben, was man sich selbst untersagt. Das lässt sich der rechtschaffene Bürger gerne etwas kosten, so wie der Zuschauer bei uns Eintritt bezahlt. Natürlich kommen die wenigsten tatsächlich hierher, in den Knast, um uns zu besichtigen. Den meisten reicht es zu wissen, dass es uns gibt. Ein Bild von uns zu haben. Und wissen Sie, was Sie hier noch vorführen?«

Er schien nun das Kaninchen aus dem Hut hervorzaubern zu wollen. »Die Kunst der Gewalt«, fuhr er fort. »Wo kann der Bürger sie denn heute noch sehen, spüren, ausleben, diese Gewalt? Eine unmittelbar körperlich wirksame Gewalt, nicht die verkappte Gewalt der Geschäftswelt, und nicht die spielerische Gewalt des Profisports, in die alle Beteiligten einwilligen. Nein, die gute, alte, körperliche Gewalt, gegen den Willen des anderen. Und das, ohne sich selbst die Hände schmutzig machen zu müssen. Denn die Gewalt uns Gefangenen gegenüber ist eine gute, notwendige Gewalt, sie ist Ausdruck und Bestandteil der Gerechtigkeit. Das alles führen Sie hier vor, Tag für Tag, Jahr für Jahr, Jahrzehnt für Jahrzehnt! Mit der einen Hand dressieren Sie uns, mit der anderen bestrafen Sie uns, wie ein Zirkuskünstler, der mit der linken Hand den Tiger durch einen Parcours leitet, indem er ihm eine Wurst vor die Nase hält, und der mit der rechten Hand spitze Pfeile auf ihn wirft. Am Ende der Vorstellung ist die Gefahr gebannt, und wir, die wilden Tiere, sind zu Haustieren geworden. Wie das funktioniert, bleibt Ihr Geheimnis, so wie es mein Geheimnis bleibt, wie ich die zersägte Jungfrau wieder zusammenfüge. Sie sind der wahre Zirkusdirektor und Zauberer, nicht ich!«

Er wartete auf die Frage, und ich auf die Antwort. »Und was ist nun Ihrer Meinung nach der Unterschied?«

Er beugte sich nach vorne, und sein goldenes Kreuz baumelte über dem giftgrünen Behördentisch aus den siebziger Jahren, an dem wir uns in einem Besprechungszimmer der Anstalt gegenübersaßen. »Im Zirkus wissen alle, dass es eine Show ist. Dass es Kunst ist, künstlich, nicht das wahre Leben und dass wir unsere Kunststücke nur vorführen, weil uns jemand dabei zusieht. Genau das ist der Unterschied zum Knast. Die allermeisten Protagonisten, einschließlich übrigens vieler Gefangener, wissen nicht oder wollen es nicht wissen oder machen es sich nicht bewusst, dass das meiste nur Show ist. Die Gefahr, die von uns Gefangenen ausgeht, gibt es tatsächlich nur in den allerwenigsten Fällen. Und die Resozialisierung funktioniert fast gar nicht. Ich habe draußen, in Freiheit, mehr Menschen getroffen, die ich als böse oder schlecht bezeichnen würde, als hier unter meinen Mitgefangenen. Aber wir tun einfach alle so, als gäbe es Gefahr, Resozialisierung und böse Menschen hier in der Manege. Und wir tun so, als wäre der Knast keine Manege, sondern das richtige Leben.«

»Hmm, aber wenn alle zufrieden sind, dass es so läuft, wie es eben läuft, und gerne daran glauben wollen, warum sollte man ihnen diesen Glauben zerstören? Nehmen wir an, wir wüssten zum Beispiel, dass es keinen Gott gibt, sollten wir dies dann den Menschen sagen, die an ihn glauben und Kraft aus diesem Glauben schöpfen? Ist es nicht mit dem Gefängnis genauso? Wenn die Menschen an seine Wirksamkeit glauben und wenn es das Zusammenleben erleichtert, und wenn es vielen Menschen bessergeht, weil es das Gefängnis gibt, warum sollten wir den Glauben daran zerstören? Damit würden wir doch nichts Positives schaffen! Was ist damit gewonnen, wenn man dem kleinen Kind sagt, dass es den Weihnachtsmann gar nicht gibt? Und verliert nicht Ihr Zauber seine Wirkung, wenn Sie den Zuschauern genau erläutern, wie es funktioniert? Beruht nicht unser ganzes Leben auf Vorstellung und Glauben, und ist diese innere Realität nicht genauso berechtigt wie eine äußere Realität, die auf einem Wissen beruht, das ja letztlich auch nur ein vermeintliches menschliches Wissen sein kann?«

Er hatte offenbar alle diese Fragen schon bedacht. »Einen Glauben zu zerstören, der der Menschheit Gutes bringt, wäre schlecht. Der Glauben ans Gefängnis aber schadet der Menschheit. Er schadet uns Gefangenen, die wir nicht symbolisch, sondern tatsächlich leiden müssen. Er schadet den Menschen draußen, denn anders, als sie glauben, wird keiner durch das Gefängnis besser. Er schadet ihnen außerdem, indem er vermittelt, in den Haftanstalten würde alles Notwendige getan, um den Schaden zu begrenzen, den Einzelne sich gegenseitig zufügen. Das ist Unsinn. Durch eine drohende Gefängnisstrafe halten Sie kaum jemanden von Straftaten ab, das sehe ich doch an mir selbst. Nein, ich bin überzeugt, der Glaube an das Gefängnis schadet der Menschheit. Und Sie profitieren davon, denn Sie verdienen hier gutes Geld!«

Wie bei fast jedem unserer Gespräche ließ er sich nicht auf die Rolle eines untertänigen Gefangenen ein, sondern hinterfragte den gesellschaftlichen Kontext, der uns in diesem schäbigen Besprechungsraum zusammengeführt hatte. Und dieses Mal ging es wirklich um eine grundsätzliche Frage. Bei ihm war im Urteil die vorbehaltene Sicherungsverwahrung ausgesprochen worden, und wir als Anstalt mussten uns positionieren, ob wir eine Sicherungsverwahrung im Anschluss an seine Haftstrafe befürworteten oder uns dagegen aussprachen.

II.

Eine Sicherungsverwahrung ist keine Strafe, mit der der Betroffene seine Schuld verbüßen muss, sondern eine Maßnahme, die allein dem Schutz der Allgemeinheit vor einem als gefährlich eingeschätzten Straftäter dient. Im Strafurteil kann, wenn jemand schwere Verbrechen begangen hat, bereits angeordnet werden, dass ein Straftäter nach der Haft, deren Umfang sich allein nach dem Maß der Schuld bemisst, in Sicherungsverwahrung kommt. Das Gericht kann auch, wie im Falle des Zirkusdirektors, im Urteil den Vorbehalt anordnen, dass gegen Ende der Haft die Sicherungsverwahrung ausgesprochen wird, wenn die vermutete Gefährlichkeit des Gefangenen bis dahin nicht weitgehend reduziert ist. Die nachträgliche Sicherungsverwahrung für Gefangene, deren besondere Gefährlichkeit sich erst im Laufe ihrer Haft herausstellt und die lange Zeit ein besonderes Steckenpferd konservativer Justizpolitik war, ist heute weitgehend abgeschafft.

Wenn bei einem Gefangenen die Sicherungsverwahrung vorbehalten ist, dann schwebt während der Haft ein Damoklesschwert über der Anstalt und dem Gefangenen. Versäumt es die Anstalt, dem Inhaftierten genügend Behandlungsmaßnahmen zu offerieren, um an seiner Gefährlichkeit zu arbeiten, kann es passieren, dass später die Sicherungsverwahrung aus Gründen der Verhältnismäßigkeit nicht angeordnet wird, obwohl der Gefangene weiterhin als hochgefährlich einzustufen ist. Das ist dann ein Justizskandal. Eine tickende

Zeitbombe ist auf freiem Fuß, weil die Anstalt versagt hat! Der Gefangene wiederum, wenn er die angebotenen Behandlungsmaßnahmen nicht wahrgenommen hat, läuft Gefahr, dass die Sicherungsverwahrung bei ihm angeordnet wird.

Lange vor Ablauf der eigentlichen Strafe prüft das zuständige Gericht, ob Sicherungsverwahrung anzuordnen ist oder nicht, und wir müssen uns dafür oder dagegen aussprechen. Unsere Stellungnahme ist dabei mehr als nur ein formaler, beratender Akt mit Informationscharakter. Denn erstens stützen die Gerichte ihre Entscheidungen sehr oft ausdrücklich auf die Einschätzung der Anstalt, und zweitens geraten wir als Anstalt ins Kreuzfeuer, wenn wir die Sicherungsverwahrung bei einem Gefangenen, der dann nach seiner Haft wieder Straftaten begeht, nicht befürwortet haben.

In der Zusammenarbeit und im Zusammenleben mit den Gefangenen wird es intern wiederum schwieriger, wenn wir ihre Sicherungsverwahrung befürwortet haben, denn dann sind wir in ihren Augen die Aggressoren und nicht nur ausführendes Organ. Einen Gefangenen zu verärgern, zu enttäuschen oder in die Verzweiflung zu führen, ist für viele allerdings weniger schlimm, als in das Kreuzfeuer der Medien und damit ihrer Vorgesetzten zu geraten, die den entsprechenden Druck nach unten durchreichen wollen. Außerdem haben viele kein Schuldgefühl, wenn sie zum weiteren Freiheitsentzug eines Menschen beitragen – er hat ja schließlich schon einmal Straftaten begangen und muss es sich daher selbst zurechnen lassen, wenn man ihn als gefährlichen Menschen behandelt, auch wenn er vielleicht keiner ist. Und schließlich, ist es nicht eine gesamtgesellschaftliche Entscheidung, wenn das, was man tut, vielleicht nicht moralisch anständig, aber rechtmäßig ist? So kommt es, dass viele Entscheidungsverantwortliche in den Gefängnisverwaltungen bei fast jedem Gefangenen, auf den die formalen Voraussetzungen zutreffen, die Sicherungsverwahrung anregen. Bei wem sollte man schon die Gefährlichkeit guten Gewissens verneinen können? So liegt der schwarze Peter dann erst einmal bei Gericht. Die Gerichte aber kehren den Spieß um. Die Anstalten werden nun hinterfragt, ob sie wirklich im Verlaufe der Haft alles getan haben, um demjenigen, bei dem sie nun aus Gründen seiner Gefährlichkeit die Sicherungsverwahrung anregen, auch zu helfen, an dieser Gefährlichkeit zu arbeiten. Jeder Anwalt kann leicht zahlreiche Versäumnisse der Anstalten ins Feld führen, so dass diese sich künftig mehr Gedanken machen, bevor sie bei einem Gefangenen die Sicherungsverwahrung anregen.

III.

Der Zirkusdirektor hatte in den sieben Jahren seiner Haft an überhaupt keiner Behandlungsmaßnahme teilgenommen. Noch nicht einmal an den Kursen über Zeit-Management, gesunde Ernährung oder Aquarell-Malerei. Er machte aus Prinzip nur das, was er wirklich musste und wozu man ihn notfalls auch mit unmittelbarem Zwang führen konnte. Denn er war ein sogenannter Reichsbürger, der unser deutsches Rechtssystem nicht anerkannte. Reichsbürger gehen davon aus, dass das Deutsche Reich völkerrechtlich bis heute fortbestehe, da die Weimarer Reichsverfassung nie abgeschafft worden sei. Die Bundesrepublik gebe es daher nicht, zumindest nicht in rechtmäßiger Form. Im Laufe meiner Tätigkeit in Gefängnissen habe ich einige solcher selbst ernannten Reichsbürger kennengelernt, wobei nicht immer klar war, ob sie erst in der Haft zum Reichsbürger geworden sind, um dem Gegenüber von vornherein jegliches Recht abzusprechen, sie zu bestrafen.

Der Zirkusdirektor schien nicht wirklich an die Verschwörungstheorien der Reichsbürger zu glauben, sondern seine Reichsbürgerschaft eher als philosophisches Gedankenmodell bis zum Beweis des Gegenteils in den Diskurs eingeführt zu haben, ein Modell allerdings, an das er sich auch in der Praxis hielt. Er bestritt nicht, das getan zu haben, dessentwegen er verurteilt worden war, aber behauptete, unrechtmäßig bestraft zu werden. Daher verweigerte er sich sämtlichen Maßnahmen und Angeboten der Anstalt. Dies, verbunden mit der Tatsache, dass von ihm als Reichsbürger möglicherweise auch in Freiheit die Gefahr ausginge, sich nicht an die Gesetze zu halten, sprach dafür, seine Sicherungsverwahrung zu befürworten. Andererseits war er nach allgemeiner Ansicht der Gefängnisbediensteten, die mit ihm zu tun hatten, wirklich nicht der klassische Gewalttäter. Vor seiner Straftat war er nie durch Gewalttaten aufgefallen, und im persönlichen Umgang war er trotz seiner unkonventionellen Ansichten höflich und angenehm. Von diesen Ansichten würde er wohl auch nie abweichen, so dass er gegebenenfalls bis zu seinem Lebensende in Sicherungsverwahrung bleiben könnte, eine für viele von uns unerträgliche Vorstellung. Aber wir müssten es ausführlich begründen, warum wir der Ansicht wären, dass er nicht gefährlich sei. Wie sollten wir das bewerkstelligen, wenn wir nicht die üblichen Erklärungen »Hat an dem und dem Behandlungsprogramm teilgenommen, zeigt sich einsichtig, befolgt die Anweisungen des Personals …« verwenden konnten? Was also tun?

IV.

Er saß in seinem Wohnwagen, der von außen so heruntergekommen, verbeult, zerkratzt und schmutzig aussah, dass man nicht glauben mochte, dass er noch mobil war. Man konnte ihn noch fahren. Konnte, durfte aber nicht. Doch das war das geringste Problem des Zirkusdirektors. Er sah aus dem Fenster durch die alten, vergilbten Vorhänge, die früher wohl einmal glänzend weiß gewesen waren, hinaus in den Regen, und trank noch einen tiefen Schluck Cognac aus der Flasche. Alles war zu Ende. Zerstört, kaputt, tot. Sein Lebenswerk, sein Leben. Begonnen hatte alles mit den Tierfreunden, diesen Pharisäern. Seit Generationen war seine Familie als Zirkusfamilie unterwegs. Sein Vater war Zirkusdirektor gewesen, sein Großvater ebenfalls. Und einer seiner eigenen drei Söhne sollte irgendwann auch Zirkusdirektor werden. Wenn es dann überhaupt noch einen Zirkus gab. Er selbst trat in der Manege nicht nur als Direktor, sondern auch als Zauberer auf, und er war beides auch außerhalb der Vorstellungen. Sie waren ein relativ kleiner Zirkus, hatten aber doch über vierzig Mitarbeiter.

Alles eingeschworene Zirkusleute, seit Generationen. Da brauchte es einen wie ihn, der den Überblick bewahrte, der die Leute zusammen- und bei der Stange hielt, wenn sie wieder einmal nicht wussten, wie sie im nächsten Monat finanziell über die Runden kommen sollten. Seit dem frühen Krebstod seiner Frau musste er diese Rolle alleine ausfüllen. Er hatte am meisten Erfahrung von allen, und er zauberte für jedes Problem immer irgendwie eine Lösung, ob es die Organisation des Schulunterrichts für die Kinder, die Auftrittserlaubnis an bestimmten Orten oder die Weiterentwicklung des Show-Programms betraf. Er liebte das, was die meisten Menschen in die Verzweiflung getrieben hätte – nicht genau zu wissen, wie es weitergeht, ob es weitergeht, wo man morgen schläft. Kein Zuhause zu kennen außer den Wohnwagen, auf sich selbst und die eigenen Fähigkeiten zur Improvisation und zur Problemlösung angewiesen zu sein.

Gegen ein Problem kam allerdings auch er nicht an. Gegen die Bürokratie. Diese wiederum machten sich selbsternannte Tierfreunde zunutze. Er behandelte seine Tiere, darunter zwei Tiger, gut. So gut es eben ging. Alle Tiere waren in Gefangenschaft geboren und kannten kein Leben außer diesem. Dennoch war die Haltung einiger seiner Tiere nach Ansicht der Tierschützer nicht artgerecht. So wurden ihm irgendwann von den Behörden die Tiger weggenommen und mit ihnen eine der Hauptattraktionen. Die Einnahmen, die ohnehin meistens gerade so die Kosten deckten, gingen spürbar zurück. So konnte er auch den übrigen Tieren nicht immer die Nahrung geben, die sie gebraucht hätten, und musste weitere Tiere abgeben. Die Einnahmen sanken weiter. Er wollte niemanden entlassen, sie waren eine große Familie, und keiner von ihnen würde in einem geregelten bürgerlichen Leben abseits dieser Zirkusfamilie glücklich werden können. Aber er musste Kosten sparen. So bezahlte er einige der Mitarbeiter teilweise schwarz, um Sozialabgaben zu sparen. Auch da kamen ihm die Behörden auf die Schliche.

Je schlechter sein Ruf wurde, desto öfter versagten ihm die vor Ort zuständigen Behörden, sein Zirkuszelt in ihrem Gebiet aufzustellen. Mit unterschiedlichen und meist nicht überzeugenden Gründen, aber er hatte kein Geld für einen Anwalt und keine Zeit für langwierige Rechtsstreitereien. So mussten sie immer weitere Fahrten auf sich nehmen und auch in weniger lukrativen Gegenden auftreten, dankbar, überhaupt noch eine Erlaubnis dafür zu bekommen. Die Einnahmen sanken und sanken, und es ging immer weiter bergab. Er hatte wegen diverser Verstöße gegen das Tierschutzgesetz und andere Vorschriften einige Strafbefehle und Bußgeldbescheide bekommen, die er alle nicht bezahlen konnte. Dann kam eine Ladung ins Gefängnis. Er sollte für die nicht bezahlten Geldstrafen ersatzweise eine Freiheitsstrafe verbüßen. Insgesamt belief sich das fast auf ein halbes Jahr. Danach wäre sein Zirkus endgültig ruiniert gewesen. Und damit auch er selbst, denn anderes als einen Zirkus leiten und zaubern konnte er nicht. Das war so viel mehr, als die meisten anderen Menschen können, und doch anscheinend kaum etwas wert.

Es kam der Tag, an dem er sich stellen musste. Er saß in seinem Wohnwagen, trank und starrte hinaus in den Regen. Da bog ein Polizeifahrzeug auf das Zirkusgelände ein. Zwei Beamte stiegen aus, setzten sich die Mützen auf und sahen sich um. Sie mussten nicht lange suchen. Auf seinem Wohnwagen stand in dicker roter Farbe, die noch nicht ganz abgeblättert war, zu lesen: »Direktor«. Der Zirkusdirektor griff zu seinem Revolver, den er seit vielen Jahren ohne Erlaubnis besaß, und als die Polizisten klopften und keine Antwort erhielten, nochmals klopften und riefen und schließlich ein Beamter in den Wagen trat, da schoss er. Dieser erste Schuss war der erste in seinem Leben überhaupt. Die anderen fünf Schüsse lösten sich, nach einigen Sekunden Pause, viel leichter. Irgendwie fast von selbst.

V.

Die Vollstreckung einer Ersatzfreiheitsstrafe kann angeordnet werden, wenn die »Beitreibung einer Geldstrafe« erfolglos ist. Geldstrafen werden in Tagessätzen bemessen; einem vollen Tagessatz der Geldstrafe entspricht ein Tag Ersatzfreiheitsstrafe. An jedem Stichtag sitzen in Deutschland einige tausend Menschen hinter Gittern, weil sie ihre Geldstrafe nicht bezahlt haben. Meist nicht, weil sie nicht bezahlen wollten, sondern weil sie es nicht konnten. Jeder Hafttag kostet den Steuerzahler zwischen 100 und 150 Euro, also bis zu 4500 Euro im Monat. Da sind allerdings die Kosten von Gerichten und Staatsanwaltschaften noch gar nicht eingerechnet. Zum Vergleich: der Regelbedarf nach Hartz IV liegt für Alleinstehende bei etwas über 400 Euro im Monat, der Regelbedarf für Studenten, die BAföG erhalten, bei etwa 650 Euro pro Monat. Rentenempfänger erhalten mit durchschnittlich etwa 1000 Euro monatlich ein Viertel von dem, was ein Strafgefangener den Steuerzahler im selben Zeitraum kostet. Die Gefangenen, die wegen Schwarzfahren und anderer kleinerer Delikte ihre Ersatzfreiheitsstrafe verbüßen, werden in regulären Gefängnissen mit Straftätern aller Art untergebracht.

VI.

Der Zirkusdirektor traf einen der Beamten mit zwei Schüssen in die Schulter, die übrigen Kugeln verfehlten ihr Ziel. Er wurde unter anderem wegen gefährlicher Körperverletzung und versuchten Mordes in zwei Fällen zu einer Haftstrafe von zehn Jahren mit im Anschluss vorbehaltener Sicherungsverwahrung verurteilt.

VII.

Er wusste, dass es nun um alles oder nichts ging. Sicherungsverwahrung oder Freiheit. Für ihn, für den das Leben immer auch Unterwegssein und Fortbewegung bedeutete, war die Haft noch schlimmer als für die meisten anderen. Vielleicht konnte er sie überhaupt nur ertragen, indem er sich innerlich ein Stück Freiheit bewahrte, auch wenn diese nur darin bestand, sich nicht voll und ganz in das System einzufügen. Genau diese Einstellung aber konnte wiederum dazu führen, dass er die richtige Freiheit nie wiedererlangen würde.

Sein Gesichtsausdruck verriet, dass er noch einen Trick in der Hinterhand hatte. »Wissen Sie, solange das System noch so ist, wie es jetzt ist, hilft es mir auch nichts, zu sehen, dass es tatsächlich Zirkus und Theater ist. Ich muss halt, zumindest ein Stückchen, mitspielen.«

Ich dachte, er würde nun sein Interesse am reichhaltigen Behandlungsangebot unserer Anstalt bekunden, um pro forma ein paar Pluspunkte für die anstehende Entscheidung zu sammeln. Was er mir stattdessen eröffnete, kam daher völlig überraschend: »Ich werde wieder heiraten!« Er sah mir triumphierend in die erstaunten Augen.

»Ach …, ja, das können Sie natürlich tun, aber ich bin mir nicht sicher, ob das die Entscheidung des Gerichts über Ihre Sicherungsverwahrung maßgeblich beeinflussen wird. Man könnte vielleicht sagen, Sie sind sozial etwas besser integriert, wenn Sie verheiratet sind, und daher weniger gefährlich. Aber auf der anderen Seite, kennen Sie Ihre künftige Frau denn schon länger, haben Sie sie bereits vor Ihrer Inhaftierung in Freiheit gekannt?«

Er schüttelte den Kopf. »Nein, nein, das nicht. Ich habe sie über eine Brieffreundschaft kennengelernt, und sie hat mich schon ein paarmal hier in Haft besucht. In Freiheit wäre es für mich sinnlos gewesen, noch einmal zu heiraten. Es wäre mir außerdem wie ein Verrat an meiner verstorbenen Frau vorgekommen, und meine Söhne hätten mir das nicht verziehen.«

»Und was hat Sie zu einem Umdenken veranlasst? Warum wollen Sie nun doch auf einmal heiraten?«

So, wie er dabei grinste, war klar, dass es nicht stimmen konnte, als er sagte: »Aus Liebe!«

VIII.

Selbstverständlich dürfen Gefangene auch heiraten. Grundsätzlich. Die Strafe besteht, zumindest auf dem Papier, im Entzug der Freiheit, nicht in der Beschränkung aller möglichen anderen Rechte. Gefangene, die als so ungefährlich eingeschätzt werden, dass sie die Anstalt ohne Aufsicht von Bediensteten verlassen dürfen, können wie jeder andere Bürger auch einfach einen Termin im Standesamt vereinbaren. Schwieriger wird es, wenn ein Gefangener als so gefährlich eingestuft wird, dass er zwar die Anstalt verlassen darf, aber nur gefesselt und unter Aufsicht von Bediensteten. In der Regel werden Gefangene an den Händen gefesselt, in bestimmten Fällen auch an Händen und Füßen, so dass sie sich nur tippelnd fortbewegen können. Manche schreckt das allerdings nicht von einer Hochzeit ab. Zum Beispiel in Rocker-Kreisen kann es den besonderen Reiz ausmachen, wenn der Bräutigam von zwei uniformierten Beamten zur Trauung geführt wird und dabei an Händen und Füßen gefesselt ist. Für die meisten jedoch kommt eine Hochzeit in gefesseltem Zustand nicht infrage. Sie halten das für entwürdigend und wollen ihrer Braut und ihren Angehörigen diesen Anblick ersparen. Daher sucht gelegentlich auch der Standesbeamte die Anstalt auf, um dort die Trauung vorzunehmen. Sonderlich würdevoll sind diese Zeremonien allerdings nicht: Die Zahl der Gäste ist aus Sicherheitsgründen beschränkt, Kuchen und Ähnliches darf nicht mitgebracht werden, es könnten Drogen darin versteckt sein. Sekt und anderer Alkohol sind ohnehin tabu, die Zeit ist aus organisatorischen Gründen meist auf eine Stunde begrenzt.

Die Gründe, aus denen Gefangene heiraten und geheiratet werden, unterscheiden sich etwas von den Gründen, aus denen Partner in Freiheit die Ehe eingehen. Es kann der Bekräftigung der Tatsache dienen, dass man trotz der schwierigen Umstände zusammenhält. Manchmal möchte die Frau zeigen, dass sie ihren Mann liebt, obwohl er im Gefängnis sitzt. Manchmal möchte eine Frau auch einfach nur sagen können, dass sie verheiratet ist, weil sie das Ledigsein als Manko empfindet, oder ein Ehemann »hinter Schloss und Riegel« ihr die mit einer Heirat meist verbundene allzu große Nähe erspart. Auch für einen Inhaftierten kann die bloße Tatsache, verheiratet zu sein, wertvoll sein. Er fühlt sich möglicherweise nicht ganz so von der Gesellschaft ausgestoßen und ist jetzt nicht mehr nur Gefangener, sondern auch Ehemann. Und er kann zeigen, zumindest suggerieren: Ich kann lieben, ich bin bindungsfähig. Sehr viele Inhaftierte leben auch mit der Angst, ihre Partnerinnen während der Haft zu verlieren, und möchten sie daher möglichst eng an sich binden. Neben diesen eher psychologischen Aspekten spielen juristische Faktoren eine Rolle für den Heiratswunsch Inhaftierter. Eheleute haben beispielsweise längere Besuchszeiten und dürfen an gemeinsamen Familienseminaren teilnehmen. Verheiratete Gefangene können, wenn es um die Aussetzung eines Strafrestes zur Bewährung geht, eine günstigere Sozialprognose geltend machen. Der Zirkusdirektor verband aber offensichtlich mit der Heirat noch ein anderes Ziel.

IX.

»Wenn ich dann verheiratet bin, möchte ich nach Berlin verlegt werden. Denn meine künftige Frau wohnt dort, sie ist sogar dort geboren. Sie hat drei minderjährige und schulpflichtige Kinder und lebt von Sozialhilfe, es kann ihr nicht zugemutet werden, mich hier regelmäßig zu besuchen. Und ich möchte meinen Lebensmittelpunkt nach meiner Entlassung in Berlin wählen!«

Jetzt dämmerte es mir langsam. Daher wehte also der Wind! Berlin stand, zum Teil zu Recht, in dem Ruf, im Strafvollzug erheblich liberaler als Bayern zu sein. Die Inhaftierten gingen davon aus, dort deutlich größere Chancen zu haben, zum Beispiel in den offenen Vollzug wechseln zu können und erheblich weniger Gefahr zu laufen, in Sicherungsverwahrung genommen zu werden. Manche Lebensgefährtinnen von Inhaftierten zogen sogar extra nach Berlin, um die Chancen ihres inhaftierten Partners zu erhöhen, dem bayerischen Vollzug zu entkommen und nach Berlin verlegt zu werden. Das also hatte der Zirkusdirektor im Sinn. Gar keine schlechte Idee. Die Hochzeit konnte man ihm nicht verwehren, und für eine Verlegung nach Berlin hätte er dann gute Karten. Immerhin hatte ihn seine künftige Gattin auch schon einige Male im Gefängnis besucht, was die Beziehung etwas ernsthafter erscheinen ließ als die, die manchem anderen Heiratswunsch zugrunde lag, dem nicht mal ein persönliches Treffen vorausgegangen war.

X.

Wir ermöglichten ihm schnellstmöglich die Heirat, und tatsächlich wurde er kurz darauf im Austausch mit einem anderen Gefangenen, der aus Sicherheitsgründen nach Bayern verlegt wurde, in eine Berliner Anstalt eingewiesen.

Für uns war damit die Gefahr gebannt, ihm oder der Allgemeinheit Unrecht zu tun. Für ihn war die Gefahr noch lange nicht gebannt.

AKTENVERMERK

I.

Er wusste, was passiert war. Dass der Mann sexuell missbraucht worden war. Er wusste es einfach. Er erkannte es an der Art und Weise, in der Klotsche es bestritt. Und weil es einfach keine andere vernünftige Erklärung gab. Klotsche hatte ein Gespräch mit ihm, dem juristischen Abteilungsleiter, beantragt. Per Antragsschein. Der Abteilungsleiter, ein erfahrener Beamter, bestand darauf, dass die Gefangenen in seinem Zuständigkeitsbereich eine Begründung verfassten, warum sie ihn sprechen wollten. Er bestand darauf, dass er sich auf die Gespräche vorbereiten müsse. Faktisch versuchte er so vor allem, die Flut von Gesprächsanträgen etwas einzudämmen. Klotsche konnte kaum schreiben. Als Begründung kritzelte er auf den Antragsschein: »Hafdraum wächsl.« Der Abteilungsleiter vermerkte auf dem Antragsschein: »Bitte den Gefangenen zu meiner nächsten Sprechstunde vorführen«, und gab ihn einem Beamten, der »Vorführer« genannt wird. Eine anstaltsinterne Arbeitsgruppe zur Straffung der dienstlichen Abläufe, die sich über ein Jahr lang regelmäßig traf, hatte unter anderem den Vorschlag unterbreitet, die Scheine, mit denen die Gefangenen die Teilnahme an der Sprechstunde beantragten, farblich anders zu gestalten als die übrigen Antragsscheine. So könne man sie leichter in der Akte finden. Der Vorführer sammelte also die grünen Antragsscheine und führte zweimal wöchentlich die Gefangenen zur Sprechstunde vor, die im Büro des Abteilungsleiters stattfand. Dieser residierte hinter einem riesigen Schreibtisch, der auch dem amerikanischen Präsidenten hätte gehören können. Allerdings nur, was seine Größe betraf. Er war aus hellem, billigem Holz und wirkte auf den viel zu dünnen Füßen so, als könne er jederzeit zusammenbrechen, besonders dann, wenn sich der massive Abteilungsleiter mit beiden Ellenbogen auf die Schreibtischplatte stützte. Der Abteilungsleiter saß mit dem Rücken zum einzigen Fenster des Büros. Auch dieses Fenster war vergittert für den Fall, dass ein Gefangener den Beamten überwältigte und fliehen wollte. Das Büro hatte ansonsten alles, was sich üblicherweise in Büros befindet. Eine Kaffeemaschine, einige Pflanzen, ein Sofa, ein Radio mit Kassettenspieler, einige Bilder an den Wänden. Dennoch wirkte es nicht gemütlich, sondern lieb- und achtlos zusammengestellt.

Zu seinen Sprechstunden trank der Abteilungsleiter immer einen Kaffee, bot den Gefangenen jedoch keinen an. Aber die Gefangenen durften sich bei ihm, anders als bei seinem Abteilungsleiterkollegen, immerhin hinsetzen. Klotsche nahm auf dem Stuhl ohne Armlehnen Platz, während sich der Vorführbeamte respektvoll in die Ecke stellte.

»Herr Klotsche! Was haben wir denn auf dem Herzen?«

»Ich möchte in einen anderen Haftraum. Ohne anderen Gefangenen.«

»Sie möchten aus Ihrem Zwei-Mann-Haftraum in einen Einzelhaftraum verlegt werden? Das Recht auf einen Einzelhaftraum steht Ihnen zu, allerdings müssen Sie sich dafür bis zur Entlassung des nächsten Gefangenen einige Wochen gedulden, denn derzeit ist regulär kein solcher Haftraum frei.«

Klotsche wusste das alles schon, die Beamten vor Ort hatten es ihm erklärt. Aber er wollte sich nicht gedulden. Er konnte sich nicht gedulden, das war ihm anzumerken. »Ja, ja, ich weiß schon, aber ich muss da raus!«

Der Abteilungsleiter setzte einen gütigen Gesichtsausdruck auf, mit angedeuteter Ungeduld, wie um klarzumachen, welche Mühe es ihm bereitete, dem Gegenüber etwas Aufmerksamkeit zu schenken. »Herr Klotsche, Sie haben doch selbst ausdrücklich beantragt, dass Sie in dem Zwei-Mann-Haftraum bleiben dürfen, obwohl Sie längst mit einem Einzelhaftraum an der Reihe gewesen wären! Nun müssen Sie halt noch ein bisschen warten, das wird doch wohl zumutbar sein.«

Klotsche nickte ergeben, aber sein Blick ließ erahnen, dass er seinen Antrag nicht zurückziehen wollte. Der Abteilungsleiter sah nun die Chance, das Gespräch in seinem Sinne zu beenden. Andererseits musste er die Frage noch stellen, auch wenn er die Antwort ahnte und Angst vor ihr hatte. Er stellte also die Frage, um die man sich im Strafvollzug drückt, soweit es Verstand und Gewissen zulassen. Die Frage nach dem »Warum«. Er versuchte, diese Fragen aller Fragen möglichst so zu stellen, als sei sie belanglos und als würde er sie nur stellen, um am Ende des Gesprächs noch etwas Small Talk zu betreiben. »Warum wollen Sie denn eigentlich auf einmal doch alleine untergebracht werden?«

Klotsche schien nachzudenken, wobei er seine Blicke so hilfesuchend auf den Juristen richtete, als vermutete er eher bei ihm als in seinen eigenen Gedanken Argumente für sein Anliegen zu finden.

Ihm war vom psychiatrischen Gutachter vor Gericht eine deutlich geminderte Intelligenz bescheinigt worden. Er hatte mit Mühe und Not die Sonderschule absolviert und seinen Versuch, den Führerschein zu erwerben, aufgegeben, nachdem er zum zweiten Mal durch die Prüfung gefallen war. Eine berufliche Ausbildung hatte er gar nicht erst begonnen. Obwohl er also sowohl nach seiner eigenen Einschätzung als auch nach der seiner Umwelt kaum verantwortungsvolle Rollen im gesellschaftlichen Zusammenleben übernehmen konnte, reichte seine Intelligenz nach Ansicht des Gerichts ohne weiteres aus, um sich juristisch schuldig zu machen. Und nun war er hier. Hier im Gefängnis, in einem kleinen Haftraum zusammen mit einem Mitgefangenen. Er musste da raus. Das sagte er auch, auf die Frage nach dem Warum. »Ich muss da einfach raus.«

II.

Klotsche lebte mit Anfang dreißig noch bei seiner Mutter, die wegen ihres extremen Übergewichts kaum noch aus dem Haus ging. Er war arbeitslos, erledigte aber regelmäßig die Einkäufe für seine Mutter und sich und besorgte den Haushalt. Seinen Vater hatte Klotsche nie gesehen, und seine Mutter und er lebten von Hartz IV. Die Gegend, in der ihr Hochhaus stand, war als sozialer Brennpunkt bekannt. Da die Mieten hier bezahlbar waren, während die in den besseren Gegenden immer weiter anstiegen, wanderten viele, die im alltäglichen Leistungskampf nicht mithalten konnten, in Richtung Brennpunkt. Soziale Probleme wurden damit an einem Ort konzentriert, wo sie für die, denen es besserging, scheinbar aus der Welt waren. Allerdings wurden sie so nicht gelöst und würden irgendwann mit doppelter Wucht zurückschlagen. In so einem Brennpunkt also wurde Klotsche groß, und in einem anderem Brennpunkt sollte er auch irgendwann enden. Im Gefängnis.

Klotsche hatte keine gleichaltrigen Freunde oder Bekannten, aber er war bei den Kindern in seiner Gegend beliebt. Der nur etwas über 1,50 Meter große Klotsche mit seiner dicken Brille und seiner kindlich-naiven Art wirkte wie ein etwas älterer Junge. Genau wie der größere Freund, den sich viele Kinder wünschen. Klotsche wiederum wünschte sich, wie wohl jeder, menschliche Nähe und Kontakte. Zu seiner Mutter sah er wie zu einer Göttin auf. Eine strafende, furchtbare Göttin, die ihm den Blick zur Sonne verdunkelte und doch als Einzige in der Lage zu sein schien, ihm ab und zu ein paar winzige Strahlen dieser Sonne zukommen zu lassen. Er tat alles für sie, und nie hätte er sie verlassen können. Auch wenn sie ihn ständig enttäuschte, kränkte und zurückwies, gab er nie ihr, sondern immer nur sich selbst die Schuld. Das war keine Beziehung zwischen zwei Menschen, sondern eine Abhängigkeit. Der andere musste eine bestimmte Funktion erfüllen, und nur in dieser Funktion wurde er wahrgenommen, nicht aber als ganzer Mensch.

Für seine Mutter war er die einzige Bezugsperson, der einzige Mensch, dem sie ihren Ärger und Frust zeigen konnte. Freundinnen kamen schon lange nicht mehr zu Besuch, und auch Telefonanrufe bekam sie nur noch selten. Je frustrierter sie wurde, je mehr sie andere Menschen gebraucht hätte, desto mehr wandten sich diese von ihr ab. Aber ihren Frust in sich hineinfressen wie die riesigen Mengen von Schokolade, die sie jeden Tag verzehrte, das schaffte sie nicht. Sie musste ihn irgendjemandem zeigen, er war alles, was sie noch spürte, war ihr Leben geworden. Und sie musste ihren Frust ihrem Sohn nicht nur zeigen, sondern an ihm ausleben. So wie Frust und Wut ihr Selbstbewusstsein schrumpfen ließen, wurde es wieder größer, wenn sie spürte, dass sie einen anderen ins Wanken bringen konnte. Klotsches Selbstbewusstsein war kaum vorhanden, es bestand bestenfalls aus Selbstverachtung. Da er sich ohnehin schon so klein wie möglich machte und der Mutter jeden Wunsch von den Augen ablas, musste sie immer absurdere Gründe dafür finden, ihm Vorwürfe zu machen. So verfestigte sich in Klotsche die Überzeugung, schuld an allem Unheil der Welt zu sein.

Manchmal orderte seine Mutter über das Bestellfernsehen, das sie sich fast den ganzen Tag lang ansah, Blusen oder andere Kleidungsstücke in Übergröße. Selbst diese Übergrößen waren noch viel zu klein für sie, aber ab und zu gelang es ihr dennoch, etwas davon anzuziehen. Und wenn sie dann einige Flaschen billigen Sekt getrunken hatte, kicherte sie wie ein kleines Mädchen, und Klotsche musste ihr sagen, wie hübsch sie aussah und wie gut ihr das Hemd stand. Dann kicherte sie noch mehr und trank noch mehr, und ihre Stimmung kippte. Sie schämte sich und wurde wütend. Dann beschimpfte sie Klotsche, weil er sich über sie lustig gemacht hätte. Menschliche Nähe und Bestätigung seiner Selbstwirksamkeit jedenfalls musste sich Klotsche woanders suchen.

Die Einzigen, die ihn nicht zurückwiesen oder über ihn lachten, waren die Kinder. Oft hielt er sich an den Spielplätzen in der Hochhaussiedlung auf. Die wenigen Eltern, die ihre Kinder zum Spielen begleiteten, hatten Klotsche als Sonderling akzeptiert und waren oft genug dankbar, wenn er für eine Weile auf die Kinder aufpasste, während sie einkaufen gingen. Ob Klotsche auch eine pädophile Neigung entwickelt hätte, wenn er Beziehungen zu gleichaltrigen Partnern hätte aufnehmen können, vermag keiner zu sagen. Jedenfalls ging er zunehmend dazu über, seine sexuellen Triebe mit fünf- bis zehnjährigen Kindern auszuleben. Mädchen und Jungen. Teilweise auf dem Spielplatz, wenn keine Erwachsenen anwesend waren, teilweise auch in seiner Wohnung, während die Mutter wie so häufig auf dem Fernsehsofa schlief. Er verstand wohl, dass das, was er tat, verboten war und dass er Ärger bekommen würde, wenn es herauskam. Er forderte daher die Kinder auf, unbedingt zu schweigen über das, was passiert war. Er drohte ihnen, dass sie ins Gefängnis kämen, getrennt von Mama und Papa, wenn bekannt würde, was sie getan hatten. Für das Mitmachen und das Schweigen gab er ihnen kleinere Geldbeträge und Süßigkeiten. Meist fügten sich die Kinder oder wurden durch die Aussicht auf die Belohnung gelockt. Zum Teil gaben sie auch seinem Druck nach, aus Angst vor den Folgen, wenn sie sich widersetzten.

Ein Mädchen hatte sich widersetzt und gedroht, sie würde es ihren Eltern sagen. Klotsche missbrauchte und erwürgte das Kind im Gebüsch am Rande des Spielplatzes. Am helllichten Tag. Er wusste nicht, was er danach tun sollte. Er ließ die Leiche der Achtjährigen einfach liegen und ging nach Hause zu seiner Mutter. Er wusste, dass er etwas ganz Schlimmes getan hatte, und es quälte ihn. Irgendwie hoffte er, seine Mutter könne ihm helfen. Aber ihr sagen, was er getan hatte, das wollte er auch nicht. Er hatte Angst vor ihr, denn wenn sie ihn beschimpfte oder ihm auch nur unfreundlich begegnete, war das für ihn die größte Strafe. Er litt dann, oft tagelang, bis sie endlich wieder nett zu ihm war. Nein, er konnte es ihr auf keinen Fall erzählen. Auf der anderen Seite, wenn sie ihm verzeihen würde, wäre doch alles wieder gut. Er musste sich nicht lange mit diesem inneren Konflikt beschäftigen. Andere Kinder hatten die Leiche der Achtjährigen bereits entdeckt, und deren Mutter, eine Alkoholikerin, hatte trotz ihres deliriumartigen Zustands die Polizei informiert, die umgehend Klotsche als potenziellen Täter ermittelte und festnahm.

III.

Klotsches Tat ging durch alle Medien, und als er etwa ein Jahr später rechtskräftig zu einer lebenslangen Freiheitsstrafe verurteilt und in die Haftanstalt eingewiesen wurde, wussten alle Mitgefangenen, wer er war. In der knastinternen Hierarchie stehen Vergewaltiger von Frauen oft sehr weit oben und die, die Kinder missbraucht haben, sehr weit unten. Ganz unten stehen die, die Kinder missbraucht und umgebracht haben. Klotsche war also wieder dort, wo er immer war. Ganz unten. Im Gefängnis bedeutete das, wie draußen auch, dass die anderen ihre Aggressionen und Minderwertigkeitskomplexe auf seine Kosten auslebten. Klotsche hatte im Knast niemanden mehr, auf den er herabschauen konnte. Vor allem keine Kinder. Er konnte also keinen Schaden mehr anrichten. Ihn selbst allerdings vor Übergriffen von Mitgefangenen zu schützen, war fast unmöglich.

Die Anstaltsleitung war daher ganz froh, dass er von sich aus den Verbleib in einem Zwei-Mann-Haftraum beantragt hatte. In einem solchen wurde jeder Gefangene nach seinem Zugang untergebracht, bis irgendwann ein Einzelhaftraum frei wurde. Klotsche verstand sich gut mit seinem Zellengenossen, einem älteren, wegen Betrugs einsitzenden Mann. Dieser wollte ebenfalls mit Klotsche zusammenbleiben und stellte aus Sicht der Anstaltsleitung einen gewissen Schutz dar. Er wurde aktenkundig belehrt, dass er sofort melden müsse, wenn er irgendwelche Drohungen oder Übergriffe von Mitgefangenen auf Klotsche mitbekäme. Einige Monate lang lief das offenbar reibungslos. Warum nun Klotsches Sinneswandel?

IV.

Als Klotsche nichts weiter sagte, außer dass er aus dem Haftraum herausmüsse, und verschüchtert auf seine Füße starrte, hakte der Abteilungsleiter nach, zumal der Gesichtsausdruck des Vorführers immer besorgter wurde. »Gibt es denn Probleme mit Ihrem Zellengenossen?«

Klotsche verneinte das entrüstet. Auffallend übertrieben, so als wolle er jeden Gedanken, dass dem so sein könne, im Keim ersticken.

»Aber warum wollen Sie dann verlegt werden? Sie wissen doch, dass es im regulären Haftbereich schwer wird, Sie zu schützen? Da kennt Sie doch jeder nach kurzer Zeit. Im Zugangsbereich müssen sich die anderen Gefangenen erst einmal selbst zurechtfinden, und dann werden sie schon wieder weiterverlegt. Außerdem kann Ihr Zellengenosse ein Auge auf Sie haben, im Haftbereich sind ja die Haftraumtüren tagsüber offen, da wären Sie dann alleine und ungeschützt in Ihrem Haftraum!«

Klotsche schien erleichtert, als er endlich ein Argument gefunden hatte. »Ich könnte meine Haftraumtüre ja auch tagsüber verschließen lassen. Ich will ohnehin am liebsten meine Ruhe. Es wird mir einfach zu viel, zu zweit auf dem Haftraum!«

Der Abteilungsleiter war lange genug dabei, um zu wissen, dass es einen dringenden Grund gab, den Klotsche nicht aussprechen konnte oder wollte. Und es konnte nur einen Grund geben. Aber er verfügte eben auch über genug Erfahrung, um zu wissen, dass er es so genau auch gar nicht wissen wollte. Es hatte seit einiger Zeit Gerüchte gegeben, dass der Betrüger als eine Art Zuhälter fungierte und Klotsche an interessierte Neuzugänge »vermittelte«. Klotsche schien das ideale Opfer für sexuelle Gewalttäter zu sein. Weil er mit seiner dicken Brille und seiner untertänigen Art so wirkte, als könne oder wolle er sich nicht verteidigen. Und weil jeder wusste, dass Staat und Gesellschaft ihn nicht haben wollten. Er war nicht für vogelfrei erklärt, aber sehr viel stärker war sein Status auch nicht. Er stand zum Abschuss frei wie ein eingesperrter Vogel.

Das Gerücht eines sexuellen Missbrauchs war aber nie bestätigt worden. Man hatte Klotsche und seine Mitgefangenen befragt, die Beamten vor Ort achteten verstärkt darauf, wer in Klotsches Haftraum ein- und ausging. Es wurde nichts beobachtet, was das Gerücht bekräftigte. Aber dem Abteilungsleiter war nun klar, dass einfach alles zusammenpasste. Der Betrüger war ein väterlicher, hochintelligenter und manipulativer Typ, dem Klotsche sich nicht widersetzen konnte. Gewalt würde er seinem Zellengenossen wohl nicht androhen oder antun, aber das war auch gar nicht notwendig. Dafür gab es andere auf der Zugangsstation.

Eine Weile lang hatte Klotsche wohl mehr oder weniger freiwillig mitgemacht. Weil er seinem älteren Zellengenossen gefallen wollte, weil er vermutlich Tabak dafür bekam, und weil er sich nicht traute, Widerstand zu leisten. Nun aber konnte er es offensichtlich nicht mehr aushalten. Nein, es konnte kaum noch Zweifel daran geben, dass Klotsche sexuell missbraucht wurde. Alles andere hätte er ja einfach sagen können. Wahrscheinlich schämte er sich wegen des Missbrauchs und wusste auch, dass Gefangene, die gegen andere Gefangene aussagen, einen schweren Stand im Gefängnis hatten.

V.

Es gab nun verschiedene Möglichkeiten, wie der Abteilungsleiter vorgehen konnte, eine davon: abwarten, bis ein Einzelhaftraum frei wäre. Er konnte auch Klotsche oder seinen Zellengenossen in eine andere Anstalt verlegen lassen, denn ein regulärer Einzelhaftraum war tatsächlich nicht frei. Aber größere Sorgen als die Frage, was er tun sollte, bereiteten ihm die Fragen, ob er Strafanzeige erstatten und damit eine externe Stelle involvieren und wie er seinen Aktenvermerk über das Gespräch mit Klotsche verfassen sollte.

Würde der Abteilungsleiter vermerken, er habe den Verdacht, Klotsche sei sexuell missbraucht worden, ohne daraufhin irgendwie tätig zu werden, könnte ihm ein Strick daraus gedreht werden, wenn die Sache ans Licht käme. Er müsste diesen Verdacht zumindest bei der Staatsanwaltschaft zur Anzeige bringen. Wenn aber Klotsche oder andere Gefangene bei der Staatsanwaltschaft doch Aussagen machten und sich der sexuelle Missbrauch beweisen ließe, dann könnte man ihm als zuständigem Abteilungsleiter den Vorwurf machen, nicht schon viel früher reagiert und überhaupt Klotsche entgegen der Regel so lange in dem Zwei-Mann-Haftraum untergebracht zu haben.

Der Abteilungsleiter hatte seine Erfahrungen mit der Rechtsfindung im Gefängnis gemacht. In seinen Anfangsjahren hatte er vorschriftsmäßig jeden noch so geringen Verdacht zur Anzeige gebracht. Selbst kleinere Körperverletzungen wie eine angebliche Ohrfeige unter Gefangenen, ohne dass es einen sichtbaren Beweis wie etwa eine geschwollene Backe gab, oder einen mutmaßlichen Diebstahl von Tabak. Der Ball lag dann bei der Staatsanwaltschaft. Mit einer Vielzahl von Verfahren überlastet, legte sie in aller Regel keine Priorität auf Verfahren gegen Inhaftierte. Es konnte oft viele Monate dauern, bis das Ermittlungsverfahren abgeschlossen und der Fall entweder zur Anklage gebracht oder eingestellt wurde. In dieser Zeit wurden meist eine Vielzahl von Gefangenen befragt, da fast jeder zum Beweis seiner eigenen Aussage noch diverse andere Insassen als Zeugen benannte. Meist widersprachen sich die Zeugenaussagen erheblich, so dass selten ein eindeutiger Sachverhalt ermittelt werden konnte. Auch beschuldigten sich Gefangene oft gegenseitig – eine Todsünde in Haft –, so dass dann einige vor ihren Mithäftlingen geschützt werden mussten. Kam es zum Gerichtsverfahren, mussten spätestens dann auch viele Beamte als Zeugen vor Gericht aussagen und sich oft unangenehme Fragen gefallen lassen. »Warum haben Sie über das Gespräch nicht vorschriftsgemäß einen Aktenvermerk angefertigt?«, »Warum haben Sie nur zu zweit statt wie vorgesehen zu dritt den Sport der Gefangenen beaufsichtigt?«, »Warum haben Sie die Rauferei nicht sofort unterbunden?« usw. Derartige Verfahren gegen Inhaftierte sind mit großem Aufwand und vielen Nachteilen für die Anstalt verbunden mit dem Ergebnis, dass ein Gefangener, der beispielsweise noch zehn Jahre zu verbüßen hat, noch ein paar Monate oder ein Jahr zusätzliche Freiheitsstrafe bekommt.

Die Medien machen gerne einen Skandal aus größeren Straftaten in Haft. Das hat jedoch nie dazu geführt, die Haft an sich oder die Bedingungen in Haft infrage zu stellen, sondern mündet in der Regel darin, dass irgendein Beamter etwas falsch gemacht haben soll, und ist wohl eher eine zur Schau gestellte öffentliche Empörung, die von den grundsätzlichen Fragen im Umgang mit Straftätern ablenkt.

Wenn der Abteilungsleiter eine Anzeige stellte, würde er wochenlang Berichte schreiben müssen. Für den Anstaltsleiter, für Rechtsanwälte, für die Staatsanwaltschaft, für den Petitionsausschuss im Landtag. An die öffentliche Empörung mochte er gar nicht denken. Ein Gefangener wird unter staatlicher Aufsicht sexuell missbraucht? Was sind das für Zustände! Ein Skandal! Und er, der Abteilungsleiter, hätte diese schlimmen Übergriffe verhindern können. Verhindern müssen. Alle legten nämlich, zumindest scheinbar, allergrößten Wert darauf, dass im Gefängnis alles nach Recht und Gesetz läuft und dass vor allem, um Gottes willen, den Gefangenen kein Leid geschehe. Die gleichen Menschen und gesellschaftlichen Kräfte, die eine harte und konsequente Bestrafung Klotsches vorantrieben, würden sich als Verteidiger von Klotsche erheben.

Nein, seinen Verdacht schriftlich festzuhalten wäre ein grober Fehler, und eine Strafanzeige konnte nach hinten losgehen. Klotsche einfach so verlegen konnte man eben auch nicht. Es war tatsächlich kein Haftraum mehr frei. Ihn oder seinen Zellengenossen in einer anderen Anstalt unterbringen? Das hieße, er hegte einen Verdacht und hätte dem auch nachgehen müssen. Außerdem würde keine Anstalt einen Gefangenen außerhalb ihrer eigentlichen Zuständigkeit aufnehmen, wenn es keinen handfesten Grund gab. Einfach vermerken, dass der Gefangene keinen nachvollziehbaren Grund für seine Verlegung genannt habe, und abwarten, bis ein Einzelhaftraum frei wäre? Aber was, wenn Klotsche dann weiter sexuell missbraucht würde? Und was tun mit denen, die Klotsche möglicherweise sexuell missbraucht hatten? Was tun mit dem Betrüger, der das Ganze möglicherweise eingefädelt und gut dabei verdient hatte? Wenn er nicht verhinderte, dass sie mit Klotsche oder anderen Gefangenen Ähnliches anstellten, würde er sich dann nicht selbst schuldig machen? Ihm wurde deutlich bewusst, was es bedeutete, Verantwortung auf sich zu nehmen.

Verantwortung hat die Gefahr zur Folge, von anderen mit Schuld beladen zu werden. Wenn eine Gefahr im Raum steht und als solche definiert wird, dann wird gleichzeitig ein Verantwortlicher dafür gesucht, diese Gefahr zu bändigen. Und tritt dann das ein, was befürchtet wurde, dann wird der Verantwortliche zum Schuldigen, auch wenn er die Gefahr gar nicht hätte bändigen können. Das ist ein Grundproblem des Strafvollzuges. Eine Gefahr wird als solche definiert, und ist doch völlig undefinierbar. Verantwortlich für ihre Eindämmung ist das Gefängnis. Dieses gründet also nicht auf dem Anspruch, etwas Positives zu schaffen, sondern darauf, etwas Negatives zu vermeiden. So wird das Gefängnis definiert, und daran wird, ausdrücklich oder inzident, auch jeder einzelne Mitarbeiter gemessen.

VI.

Der Abteilungsleiter wollte erst einmal Zeit gewinnen. Er beschloss, den Gefangenen vorübergehend in der Krankenabteilung der Anstalt unterzubringen. Dort war noch ein Haftraum frei, und Klotsche hatte offensichtlich eine Erkältung, die es auszukurieren galt. Eine Dauerlösung war das nicht. Klotsche wollte höchstens ein paar Tage dort bleiben, da er starker Raucher war und in der Krankenstation nicht geraucht werden durfte. Auch würde der Raum in ein paar Tagen für einen ernsthaft Kranken gebraucht werden.

»Melden macht frei«, heißt ein beliebter Grundsatz beim Militär und im Strafvollzug. Kurzzeitig überlegte der Abteilungsleiter daher, ob er den Vorgang, wenn schon nicht dem Staatsanwalt, zumindest dem Anstaltsleiter melden sollte. Dann stünde der vor dem Dilemma, wie weiter zu verfahren wäre. Der Abteilungsleiter war lange genug dabei, um die Praktiken der umfangreichen Selbstabsicherung durch Verfügungen nach unten und Meldungen nach oben zu beherrschen, und wusste auch, dass auf diese Weise immer wieder Nebenkriegsschauplätze aufgemacht wurden, auf denen man selbst nichts zu verlieren hatte. Nun, dies war kein Nebenkriegsschauplatz. Dies war ein echtes Problem. Und die Verantwortung für seine Lösung konnte nicht unauffällig vernebelt werden. Der Abteilungsleiter stand nun in der Pflicht, ein Problem in einem System zu lösen, dessen grundlegende Defizite vom Einzelnen nicht überwunden werden können und von der Allgemeinheit nicht überwunden werden wollen.

VII.

Nachdem der Vorführer Klotsche aus dem Büro geleitet hatte, schloss der Abteilungsleiter die Tür von innen zu. Auf dem Gang war immer einiges los, und alle paar Minuten kam ein Kollege in sein Büro mit irgendeinem Anliegen. Aber er brauchte jetzt Zeit zum Nachdenken. Er drehte seinen Sessel zum vergitterten Fenster, lehnte sich zurück und versuchte, einen Blick auf die Welt außerhalb der Anstalt zu werfen. Die Anstaltsmauer befand sich in nur etwa vierzig Metern Entfernung zu seinem ebenerdig gelegenen Büro. Er konnte nichts sehen außer der von Stacheldraht gekrönten Mauer und dem düsteren Himmel darüber. Und der Himmel zählte nicht als Außenwelt, zumal dort sowieso nicht mehr als gelegentlich ein Vogel oder ein Flugzeug zu sehen war. Heute aber nicht einmal das, und der Himmel erschien ihm noch düsterer als sonst.

Für den Gefangenen wäre es ohne Zweifel das Beste, wenn er ihn sofort da rausholte, ohne dem sexuellen Missbrauch weiter nachzugehen. Das aber war erstens faktisch nicht möglich und wäre zweitens rechtswidrig, da er einen Verdacht zur Anzeige bringen musste. Und außerdem: Wenn der Gefangene nicht bereit war zu sagen, was Sache war, wie sollte er ihn dann schützen? Und dem Rechtsstaat Genüge zu tun, indem er stur nach Vorschrift vorging? Dann hätte er alles anzeigen und seinem Anstaltsleiter melden müssen. Nein, das wäre in einem System, in dem das Recht der Opportunität folgt, nicht rechtschaffen. Er selbst würde sich angreifbar machen, weil er nicht schon viel früher reagiert hatte. Und es wäre auch schlecht für Klotsche, der für alle Zeiten als Opfer und Verräter gebrandmarkt wäre. Der Abteilungsleiter musste einen Weg finden, den er anderen und sich selbst gegenüber vertreten konnte.

VIII.

Der Abteilungsleiter las noch einmal seinen Vermerk, bevor er ihn in das Ablagefach warf: »Der Gefangene beantragt die Verlegung in einen Einzelhaftraum. Mit seinem Mitgefangenen auf dem Haftraum käme er gut zurecht, er möchte aber perspektivisch lieber etwas für sich sein und seine Ruhe haben. Der Antrag wird genehmigt. Der Gefangene wird sachdienlich belehrt, dass er sich noch einige Wochen gedulden muss, bis ein Einzelhaftraum frei wird, und dass er etwaige Konflikte mit Mitgefangenen sofort zu melden hat. Auch die Beamten vor Ort werden belehrt, alle Auffälligkeiten sofort zu melden und die Sicherheit des Gefangenen Klotsche besonders im Auge zu behalten.«

HAFTRAUM 108

I.

Als gegen zwei Uhr nachts sein Telefon klingelte, wusste der Direktor, dass etwas Schlimmes passiert sein musste. Seine Beamten kannten ihn, und er kannte die Beamten und vertraute ihnen. Fast alle Probleme lösten sie selbstständig und erstatteten ihm Bericht, wenn er am nächsten Morgen in die Anstalt kam. Wenn nachts ein Gefangener mit Selbstmord drohte, wenn es einen schweren medizinischen Notfall oder eine gewalttätige Auseinandersetzung unter den Häftlingen gab, dann war das kein Grund, den Direktor aus dem Schlaf zu holen. In den letzten Jahren war er nur einmal nachts angerufen worden, als sich ein Beamter, der auf dem Turm Wache hielt, mit dem Gewehr erschoss, das er im Falle einer Flucht auf Gefangene hätte richten müssen.

Der Direktor ließ es mehrmals klingeln und überlegte kurz, nicht abzuheben. Er war allein in seiner Dienstwohnung, nur am Wochenende fuhr er nach Hause zu seiner Frau und den drei Kindern. Das Klingeln würde also sonst niemanden stören. Aber am nächsten Morgen wäre er ohnehin mit dem Problem konfrontiert worden. Außerdem hatte das Justizministerium vor einigen Jahren, als sich die Anstaltsleiter beschwert hatten, dass sie für ihre ständige Rufbereitschaft keinerlei Ausgleich bekämen, als kleines Entgegenkommen Diensthandys anschaffen lassen. Nach der öffentlichen Ausschreibung, die sich über ein Jahr hinzog, waren die Restbestände an Seniorenhandys eines großen Herstellers angeschafft worden. Man konnte damit nicht ins Internet, aber immerhin telefonieren. Nun konnten sich die Anstaltsleiter kaum noch herausreden, sie seien nicht erreichbar gewesen. Also drückte er die grüne Taste auf seinem Diensthandy und führte es widerwillig und etwas gespannt zum Ohr.

II.

Die Anstalt gab es seit etwa hundert Jahren. Auch wenn sie früher Zuchthaus hieß und heute Justizvollzugsanstalt und einige Male renoviert worden war, hatte sich in der Zeit nichts wesentlich verändert. Allerdings durften heute nur noch acht Gefangene zusammen in einem Haftraum untergebracht werden. Wie in Haftraum 108. Der Beamte, der für das entsprechende Stockwerk Nachtdienst hatte, saß in seinem Dienstzimmer am Ende eines langen Ganges mit Hafträumen an beiden Seiten. In jeder Zelle befand sich ein Notrufknopf. Wenn dieser betätigt wurde, leuchtete im Dienstzimmer auf einer großen Wandtafel mit allen Hafträumen der Etage ein Warnlicht auf. Der Beamte konnte entweder durch die Klappe in der Tür, durch die den Gefangenen normalerweise ihr Essen gereicht wurde, nach dem Grund des Notrufs fragen. Oder er konnte dies mit einer Gegensprechanlage von seinem Büro aus tun. Haftraum 108 lag etwa in der Mitte des langen Ganges. Alle acht Insassen waren junge Männer zwischen zwanzig und dreißig. Sechs von ihnen saßen schon zum wiederholten Male in Haft, zwei zum ersten Mal. Die Trennung von Erst- und Wiederholungstätern ließ sich aus organisatorischen Gründen nicht immer strikt durchsetzen. Vier waren wegen Drogendelikten verurteilt, einer wegen Diebstahls und Körperverletzung, zwei wegen Betrugs und einer wegen Brandstiftung. Alle waren erst seit einigen Tagen zusammen in dieser Zelle, eine feste Hierarchie war noch nicht ausgefochten. Der wachhabende Beamte lief einmal stündlich den Gang auf und ab. Er konnte nichts Auffälliges hören. Einerseits hatte er die Nachtschichten ganz gern. Es war kaum etwas los, während es tagsüber keine ruhige Minute gab. Andererseits empfand er die Nachtdienste, manchmal an zwölf aufeinanderfolgenden Tagen vor einer zweitägigen Pause, als erhebliche Belastung für seine Stimmung und sein Familienleben. Während er den Gang entlangging und außer einigen leisen Stimmen und ein paar Fernsehgeräuschen nur seine eigenen Schritte hörte, musste er an seinen fünfjährigen Sohn denken, der nächstes Jahr in die Schule kommen würde. Es würde dann noch schwerer mit den Nachtschichten werden, wenn er fast den ganzen Tag schlief und nur wenig für seinen Sohn da sein könnte.

III.

»Herr Direktor, es gibt einen Toten!« Der Direktor versuchte, gelassen und souverän zu wirken, und als der Beamte weiterreden wollte, unterbrach er ihn, um schon jetzt Führungsstärke in einer schwierigen Situation zu zeigen. »Alles klar. Ich komme gleich rüber. Bin in zwei Minuten da.« Er legte auf, ohne nach den Hintergründen zu fragen. Bis ihm die erläutert würden, wäre er längst eingetroffen. Er zog sich schnell etwas über und eilte zur Anstalt, die nur ein paar hundert Meter entfernt lag. Die Straße und der Bereich vor der Anstalt, deren Außenmauern grell beleuchtet waren und die in der ansonsten herrschenden absoluten Dunkelheit dalag wie eine riesige Theaterbühne, waren menschenleer. Während er seinen Schritt weiter beschleunigte, ohne dabei zu rennen, bereute er, nicht gefragt zu haben, was genau passiert war. Die Formulierung »Es gibt einen Toten …« ging ihm durch den Kopf. Wenn es der Selbstmord eines Gefangenen war, hätte es der Beamte doch gleich so sagen können. Und das fiel, zumindest was die Todesfälle in der Anstalt betraf, doch fast schon unter Regelfall. Also kein zwingender Grund, ihn nachts in die Anstalt zu rufen. Nein, es musste etwas anderes sein. Er war froh, als er den Eingang erreichte und die schwere, kugelsichere Eingangstür sich automatisch öffnete.

IV.

Der Beamte hatte gerade seinen Kontrollgang beendet, sich noch einen Kaffee eingeschenkt und auf seinen Bürostuhl gesetzt, als ein Notruf einging. Von Haftraum 108. Er beschloss, die Angelegenheit über die Rufanlage zu klären. Wahrscheinlich konnte wieder irgendein Gefangener nicht schlafen und wollte ein Schlafmittel. Oder einem fiel jetzt, mitten in der Nacht, ein, dass er Zahnschmerzen hätte und ein Schmerzmittel bräuchte. Er drückte auf den Sprechknopf. »Ja, was gibt es denn?« Einer der Haftrauminsassen schrie fast: »Einer hat versucht sich umzubringen! Holen Sie schnell den Arzt, er hängt da!«

Der Beamte alarmierte sofort die Zentrale, die stillen Alarm auslöste, den alle in der Anstalt anwesenden Bediensteten auf ihren Funkgeräten hörten. Der Notarzt wurde gerufen, die Polizei verständigt und neun Mann zu Haftraum 108 beordert. Der durfte nun, endlich, geöffnet werden. Im Toilettenraum der Zelle 108 lag ein Gefangener auf dem Boden, ein anderer kniete neben ihm und versuchte offenbar, ihn mit einer Herzdruckmassage wiederzubeleben. Zwei weitere Gefangene standen um die beiden herum. Die anderen lagen auf ihren Betten und beobachteten von dort aus das Geschehen.

V.

Bei der Zellenbelegung zeigt sich im Strafvollzug die Macht des Faktischen über das Rechtliche. So haben Gefangene einen Anspruch auf einen Einzelhaftraum. Grundsätzlich. Es sei denn, es steht keiner zur Verfügung. Es ist von Anstalt zu Anstalt und von Bundesland zu Bundesland unterschiedlich, wie viele Einzelhafträume für wie viele Inhaftierte vorhanden sind. Die Wartezeiten können deutlich über einem Jahr liegen. So lange also hausten bis zu acht Inhaftierte zusammen. Sie teilten sich eine abgetrennte Toilette, zwei Waschbecken, vier Stockbetten und einen Fernseher. Da fast alle Gefangenen durchgehend rauchten und die Hafträume kaum gelüftet werden konnten, waberte ein nebelartiger Schleier durch den Raum, der erst aufhörte in Augen und Nase zu schmerzen, wenn man sich nach einigen Tagen daran gewöhnt hatte.

In den Gemeinschaftshafträumen wurden oft Drogen versteckt. Cannabis, Heroin, später zunehmend Crystal. Wenn die Beamten einmal etwas fanden, konnte es keinem Gefangenen zugerechnet werden, es hätte ja theoretisch jedem der acht Insassen gehören können. Und da bei den regelmäßigen Urinkontrollen den meisten Gefangenen Drogenkonsum nachgewiesen werden, gab es auch nicht wenige übliche Verdächtige. Alle waren die üblichen Verdächtigen. Von den wenigen, die vor der Haft noch nichts mit Drogen zu tun hatten, kamen hier viele damit in Berührung. Entweder weil der Gruppendruck zu groß wurde oder der Frust und die Versuchung. Und an Drogen kommt man im Knast leichter als in Freiheit. Man muss niemanden aus der Szene kennen, der Knast ist die Szene. Es reicht, irgendeinen Mitgefangenen zu fragen.

Der Drogenhandel verursachte erhebliche Spannungen, Aggressionen und Konflikte. Süchtige Gefangene verschuldeten sich. Es gab Machtkämpfe um die Vorherrschaft im anstaltsinternen Drogenhandel. Schlechte Drogen oder Überdosierungen führten zu schweren medizinischen Problemen. Die Gemeinschaftshafträume leisteten dem Drogenhandel und Drogenmissbrauch Vorschub.

Nachts durfte ein Haftraum nur mit mehr Beamten geöffnet werden, als er Insassen hatte. Bei acht Insassen brauchte es also neun Beamte, das war fast die gesamte Belegschaft zur Nachtzeit. Entsprechend selten wurden die Hafträume nachts geöffnet. In jedem Haftraum herrschte eine feste Hierarchie. Meist dominierte eine sehr starke und aggressive Person, vor der die anderen Angst hatten. Oder jemand, vor dem die anderen Respekt hatten, weil er zum Beispiel als Arzt oder Rechtsanwalt über überlegenes Wissen verfügte, von dem die Mitgefangenen profitieren konnten. Auch zwei oder drei, die zusammenhielten, konnten sich die Macht über die Übrigen teilen. Wer die Macht hatte, entschied beispielsweise, welches Programm im Fernsehen lief. Wenn ein Russlanddeutscher das Sagen hatte, konnte das für die übrigen Gefangenen bedeuten, dass ausschließlich der einzige russischsprachige Sender lief, der in der Anstalt empfangen werden konnte. Nach der Hausordnung mussten die Fernseher eigentlich um 22 Uhr ausgeschaltet werden, aber die diensthabenden Beamten sahen großzügig darüber hinweg, wenn es ansonsten einigermaßen ruhig blieb. Ein Beamter war nachts oft für mehr als hundert Gefangene zuständig und froh, wenn die Nacht ohne gravierende Zwischenfälle vorüberging. Heute aber gab es so einen Zwischenfall.

VI.

Kurz nach dem Direktor traf bereits der Notarzt in der Anstalt ein. Er konnte nur noch den Tod des Gefangenen feststellen. Es war der 23-jährige Michael, der wegen Drogendelikten, Schwarzfahrens und Betrugs (er hatte sich CDs über das Internet bestellt, die er nicht bezahlen konnte) inhaftiert war. In einer ersten Befragung durch die Beamten sagten die Gefangenen aus, er hätte sich auf der Toilette mit einem Schal erhängt. Als er so lange auf der Toilette geblieben war, hätten sie nach ihm gesehen, den Schal gelöst und versucht, ihn wiederzubeleben. Er hätte in den letzten Tagen traurig und niedergeschlagen gewirkt, weil ihm keiner seiner Anträge von der Anstalt genehmigt worden sei. Mittlerweile war die Kriminalpolizei mit Beamten der Spurensicherung eingetroffen. Bei jedem unnatürlichen Todesfall, auch bei Selbstmorden, musste die Kriminalpolizei informiert werden, um die Todesursache juristisch korrekt zu ermitteln.

VII.

Michael war zum ersten Mal in Haft. Sein biografischer Hintergrund war anders als der der meisten anderen Gefangenen. Er kam aus einem, soweit sich das sagen lässt, guten, funktionierenden Elternhaus. Er fühlte sich geliebt und in seiner Entwicklung unterstützt. Das alles hatte er im Zugangsgespräch angegeben, das mit jedem Gefangenen, der neu in die Anstalt kommt, geführt wird.

Er hatte ein gutes Abitur gemacht und den Zivildienst absolviert. Dann begann er sein Studium der Musikwissenschaft. Die klassische Musik war seine große Leidenschaft. Er spielte hervorragend Klavier und Geige, ohne dass es jedoch für den ganz großen Durchbruch gereicht hätte. Für das Studium verließ er das Elternhaus und wohnte nun in einem kleinen Studentenapartment in Sichtweite zu seiner Universität. Am Anfang ging alles gut. Zumindest im Studium selbst. Es machte ihm Spaß, und er hatte das Gefühl, das Richtige zu studieren. Allerdings fühlte er sich einsam. Die Stadt, in der seine Eltern und noch einige Schulfreunde wohnten, lag fünf Stunden Fahrtzeit entfernt, und er hatte kein Auto. So fuhr er nur einmal monatlich mit dem Zug nach Hause. Die übrige vorlesungsfreie Zeit verbrachte er meist in seiner Wohnung. Er war nicht der Typ, abends alleine auszugehen, und er tat sich schwer damit, neue Freundschaften oder auch nur Bekanntschaften zu schließen. Er geriet damit ins Abseits, da sich seine Kommilitonen schnell zu Cliquen und festen Freundeskreisen zusammengeschlossen hatten.

Er litt immer mehr unter seiner Einsamkeit und hatte das Gefühl, alle anderen würden am Leben teilnehmen, nur er nicht. Er meldete sich in einem Fitnessstudio an, in der Hoffnung, nicht nur Muskeln, sondern auch sein Selbstbewusstsein aufzubauen, um leichter Kontakte mit anderen schließen zu können. Auch hoffte er, dort Leute, vielleicht sogar eine Frau kennenzulernen.

Das genaue Gegenteil war der Fall. Er fiel ihm hier noch schwerer als im Hörsaal, andere anzusprechen oder mit ihnen ins Gespräch zu kommen. Die anderen machten ihm noch mehr Angst. Viele der Männer waren muskulös, er selbst dagegen war dürr und völlig unsportlich. Und die Frauen benahmen sich auch ganz anders als die meisten seiner Kommilitoninnen. Irgendwie aufreizend.

Sein Selbstbewusstsein schwand noch weiter, und seine Muskeln nahmen auch nicht zu. Da sprach ihn einer der Trainer an, ob er mal ein Mittel für Muskelzuwachs ausprobieren wolle. Das würden die anderen auch alle nehmen, und er selbst nehme es seit zehn Jahren. Es sei medizinisch völlig unbedenklich, wenn man es richtig dosiere. Er lasse sich regelmäßig von einem Facharzt durchchecken und hätte nur die besten Werte.

So fing alles an. Ein Jahr später war Michael abhängig von Kokain, das der Trainer auch im Angebot hatte. Nach einigen Monaten schon waren seine Ersparnisse aufgebraucht, und er rutschte immer weiter ab. Er besuchte kaum noch seine Vorlesungen und schlief tagsüber, so gut es ging. Fast jeden Abend konsumierte er Kokain, und bald war sein Konto so überzogen, dass er keinen Kredit mehr von der Bank bekam. Er konnte seine Rechnungen nicht mehr bezahlen. Seinen Eltern wollte er nichts sagen, er schämte sich zu sehr. So begann er, selbst mit Kokain zu handeln. Ein paar Mal lief es reibungslos, und er legte sich mit dem erzielten Gewinn einen größeren Vorrat an, den er in seinem Einzimmerapartment lagerte. Dort würde nie jemand nach Drogen suchen, davon war er überzeugt. Die Wohnungen von Drogendealern sahen anders aus. Kunden wurden ihm von seinem Fitnesstrainer vermittelt. Irgendwann gelang es aber einem verdeckten Ermittler der Polizei, sich als potenzieller Kunde in das Kokainnetz des Fitnesstrainers einzuschmuggeln, und als Michael dem angeblichen Konsumenten das Kokain wie vereinbart während einer Straßenbahnfahrt übergeben wollte, wurde er festgenommen. Alles war zu Ende. Da er ohne gültige Fahrkarte unterwegs war, kam auch noch eine Anzeige wegen Beförderungserschleichung hinzu. Als er in Strafhaft kam und sein Zugangsgespräch mit dem Anstaltsleiter, dem Psychologen und einem Sozialarbeiter geführt hatte, sagte der Anstaltsleiter unter zustimmendem Nicken der Kollegen: »Das klassische Opfer für unsere Stammkundschaft.«

VIII.

Seine Eltern hielten während des Prozesses und der Untersuchungshaft zu ihm, und sie wollten Michael auch hier in der Strafhaft regelmäßig besuchen kommen. Nun war er tot. Ihr einziger Sohn.

IX.

Die Obduktion von Michaels Leiche ergab, dass sein Tod durch Ersticken infolge einer Strangulation eingetreten war. Allerdings kamen auch weitere Tatsachen ans Tageslicht. Er musste vor seinem Tod malträtiert worden sein. Massiv malträtiert. Auf seinem Körper befanden sich zahlreiche Hämatome, die von Schlägen mit schweren Gegenständen stammten. Die meisten davon auf dem Rücken, so dass er sie sich nicht selbst zugefügt haben konnte. Einige waren schon ein oder zwei Tage alt, andere mussten ihm erst kurz vor seinem Tod zugefügt worden sein. Auch waren brennende Zigaretten auf seinem Körper ausgedrückt worden. Offenbar mit Rasierklingen war kurz vor seinem Tod versucht worden, seinen Penis zu beschneiden. Was war passiert in Haftraum 108?

X.

Als die Kriminalpolizei vor Ort eintraf, ließ sie die übrigen sieben Haftrauminsassen sofort getrennt voneinander in andere Hafträume verlegen. In Haftraum 108 mussten Spuren gesichert werden, und die Mitgefangenen sollten als Zeugen vernommen werden, ohne sich weiter absprechen zu können. Auch wurden bei allen Alkohol- und Drogentests angeordnet. Drei Mitgefangene sagten aus, überhaupt nichts mitbekommen zu haben, da sie geschlafen hätten. Die anderen sagten das, was sie bereits den Vollzugsbeamten gesagt hatten: Sie hätten sich Sorgen gemacht, weil Michael so lange auf der Toilette gewesen sei und sie nichts mehr gehört hätten. Als nach einigen Tagen die Obduktionsergebnisse eintrafen, wurden die Gefangene in verschiedene Anstalten verlegt. Sie waren nun keine Zeugen mehr, sondern Beschuldigte. Alle hatten zum Zeitpunkt von Michaels Tod Alkohol und Drogen in erheblicher Menge im Blut. Keiner hatte auf die vernehmenden Beamten berauscht gewirkt.

XI

Es gibt in der ökonomischen Forschung das Denkmodell des sogenannten Gefangenendilemmas. Grob gesagt geht es darum, wie sich Wirtschaftsteilnehmer verhalten, wenn sie nicht wissen, wie die anderen Marktakteure handeln. Um das zu verdeutlichen, wurde das Bild von zwei Gefangenen gewählt, die unabhängig voneinander befragt werden und die nicht wissen, was der jeweils andere aussagt. Der vernehmende Beamte sichert den beiden Gefangenen, die wegen einer gemeinsam begangenen Straftat befragt werden, nun zu, dass sie nur die Hälfte der Maximalstrafe bekommen, wenn beide gestehen. Wenn einer gesteht und der andere bestreitet, geht der, der die Tat gestanden hat, als Kronzeuge straffrei aus, während der andere die Maximalstrafe bekommt. Beide gehen straffrei aus, wenn beide bestreiten, da die Tat dann nicht bewiesen werden kann. Nun steht jeder Gefangene vor einem Dilemma, da er eben nicht weiß, wie sich der andere entscheidet.

So ähnlich lag der Fall hier, nur dass dies kein symbolisches Denkmodell war, sondern die Realität. Auch wurden mehr als zwei Gefangene befragt, was das Dilemma für den Einzelnen noch vergrößerte. Die Gefangenen wurden mit den Ergebnissen der Obduktion konfrontiert, und schnell nahm jeder seine ursprüngliche Aussage zurück und beschuldigte die übrigen Haftrauminsassen. Wer genau was gemacht hatte, konnte nie ganz sicher ermittelt werden. Sicher war nur, dass Michael über Tage gequält, missbraucht und gefoltert worden war. Er war so verängstigt, dass er sich nicht an die Beamten wandte, und seine Wunden und Verletzungen waren nicht auf den ersten Blick zu sehen. Er wehrte sich nicht, und die anderen, von denen bis dahin keiner wegen grober Gewalttaten oder sadistischer Neigungen aufgefallen war, steigerten sich immer weiter in ihre Gewaltorgie hinein. Wahrscheinlich wollten sie einfach sehen, wie weit sie gehen konnten, bis Michael sich endlich wehrte. Aber er wehrte sich nicht.

Am Tag der Tat nahmen alle Drogen und tranken selbst hergestellten Alkohol. Sie hatten etwas Hefe und Obst über einige Tage gären lassen, die Beamten hatten den Eimer nicht entdeckt. Wieder fingen sie an, Michael zu quälen, und keiner wollte vor den anderen zurückstehen. Der allgemeine Frust im Haftraum war riesig, und an Michael ließ er sich abreagieren. Egal was sie taten, egal was sie von ihm verlangten, er wehrte sich nicht. Als sie ihn dann aufforderten, sich zu erhängen, tat er auch das.

XII.

Das Strafverfahren gegen die sieben Gefangenen zog sich für Michaels Eltern unerträglich in die Länge. Schließlich wurden alle sieben wegen gemeinschaftlich begangenen Mordes verurteilt. Auch wenn nicht abschließend geklärt werden konnte, wer genau welche Handlungen begangen hatte, wurde Michaels Tod allen als Mittäter zugerechnet und dabei davon ausgegangen, dass Michael keinen selbstbestimmten Willen mehr hatte, als er sich erhängte.

XIII.

Als die Menschen von Haftraum 108 ins Gefängnis kamen, waren sie kleine Straftäter. Nun war einer von ihnen tot. Die anderen sieben waren Mörder.

DER STAATSDIENER

I.

Hubert durchlebte viel größere Aufregung als bei all seinen bisherigen Prüfungen. Das hier spottete jedem Vergleich mit seiner Gesellenprüfung oder mit der Anstellungsprüfung zum allgemeinen Vollzugsdienst. Das hier war wichtiger. Viel wichtiger. Es stand seine gesamte berufliche Existenz auf dem Spiel. In dem Versuch, äußerlich ruhig zu wirken, so, als ob alles ganz normal wäre, wurde er noch angespannter. Auf seinem gelben Uniformhemd hatten sich große Schweißflecken gebildet.

Er war froh, dass ihn jetzt niemand ansprach, er hätte wohl vor Nervosität nur irgendetwas stammeln können.

II.

Hubert hatte das Abitur gemacht, aber nie vor zu studieren. Er wollte etwas Handwerkliches erlernen, etwas, bei dem man am Ende des Tages sehen konnte, was man geleistet hatte. Er absolvierte eine Lehre als Schreiner und arbeitete einige Jahre als Angestellter in einer kleineren Schreinerei. Die Arbeit war hart und nicht gut bezahlt. Auch bestand ständig die Gefahr, dass der Inhaber der Schreinerei einige der Gesellen entlassen musste, da die Konkurrenz durch die großen Möbeldiscounter immer drückender wurde.

Hubert war inzwischen verheiratet, seine Frau und er wollten in einigen Jahren unbedingt Kinder bekommen. Per Zufall sah er in der Lokalzeitung eine Annonce, dass Anwärter für den uniformierten Dienst in den Justizvollzugsanstalten gesucht würden. Die Ausbildung sollte zwei Jahre dauern und schlecht bezahlt sein, dafür übernahm man aber danach so gut wie jeden in das Beamtenverhältnis. Voraussetzung waren lediglich ein Mindestalter und eine abgeschlossene Berufsausbildung. Hubert musste sich nur kurz mit seiner Frau beraten. Die Durststrecke der zwei Jahre würden sie überstehen, und dann war das genau die richtige Basis, um eine Familie zu gründen und ein kleines Häuschen zu bauen. Er bewarb sich und wurde zum Einstellungstest geladen. Der bestand aus mehreren schriftlichen Prüfungen, unter anderem zum Allgemeinwissen, zur Auffassungsgabe und zur Fähigkeit zum analytischen Denken. Beispielsweise wurde den Bewerbern eine kurze Filmsequenz gezeigt, auf der mehrere Gefangene in eine Rauferei gerieten. Darüber mussten sie dann eine schriftliche Meldung schreiben. Welcher Gefangene hat angefangen, wie viele waren beteiligt und so weiter. Kernstück des Bewerbungsverfahrens war ein Gespräch mit einer Auswahlkommission, die sich aus einem Anstaltsleiter, einem Psychologen und mehreren Vollzugsbediensteten aus unterschiedlichen Fachrichtungen zusammensetzte. Als ihn die Bewerbungskommission fragte, ob er im Ernstfall Hemmungen hätte, auf einen flüchtenden Gefangenen zu schießen, sagte er ja, Hemmungen hätte er, aber schießen würde er trotzdem. Das war die richtige Antwort. Er wurde eingestellt.

Die Ausbildung bereitete ihm Freude und fiel ihm leicht. Er wurde in Jura, Psychologie, Geschichte, Sport und einigem mehr unterrichtet. Am schönsten war die Kameradschaft mit den anderen Anwärtern. Man lernte zusammen und wohnte während der Woche gemeinsam im Wohnheim der Ausbildungseinrichtung. Nach Abschluss der Ausbildung, alle hatten die Prüfung bestanden, wurden sie auf die Justizvollzugsanstalten des Landes verteilt. Nur der Jahrgangsbeste durfte sich die Anstalt aussuchen, bei den anderen wurde versucht, familiäre Belange so weit wie möglich zu berücksichtigen. Hubert hatte noch keine Kinder und musste daher die Anstalt nehmen, die ihm zugewiesen wurde. Er kam in eine weit von seinem Wohnort entfernte Anstalt für langjährig Inhaftierte. Täglich musste er etwa zwei Stunden für die einfache Fahrtstrecke zur Anstalt pendeln. Das bedeutete vier Stunden Autofahrt täglich, da die Anstalt sehr schlecht mit öffentlichen Verkehrsmitteln zu erreichen war. Seine Frau wollte nicht umziehen, da ihre und seine Eltern in der Nähe wohnten. Sie hofften, dass er in eine wohnortnähere Anstalt versetzt werden würde, wenn sie ein Kind bekämen. Am Anfang machte ihm die Arbeit noch Spaß. Er freute sich darauf, endlich mit Menschen arbeiten zu können und nicht nur zu lernen und Prüfungen abzulegen. Die Kollegen waren nett, mit einigen befreundete er sich schnell. Das Gehalt war nicht üppig, aber ausreichend.

Mit der Zeit jedoch wurde es immer anstrengender und frustrierend: das lange Pendeln, der ständige Wechsel von Tages- und Nachtschichten, und vor allem die Arbeit an sich. Er hatte kaum eigene Gestaltungsmöglichkeiten und musste die Anweisungen seiner Vorgesetzten umsetzen, die wiederum die Anweisungen ihrer Vorgesetzten umsetzen mussten.

Formal gab es zwar hin und wieder Konferenzen, bei denen auch die Beamten vor Ort ihre Meinung äußern konnten, aber meist bewegte das nicht viel. Er begriff, dass es am besten war, alles, was von oben kam, abzunicken. Hinzu kam die Arbeit mit den Gefangenen. Die allermeisten verhielten sich den schwierigen Umständen entsprechend angepasst, waren freundlich und höflich. Aber es gab auch anstrengende Insassen. Einer drohte fast täglich damit, sich umzubringen. Der Psychiater war der Überzeugung, dass der Gefangene das niemals tun würde, sondern nur damit drohen und die Beamten manipulieren wolle, aber einmal kam Hubert gerade noch rechtzeitig, um dem Mann eine aus mehreren Handtüchern gebildete Schlinge wieder vom Hals zu nehmen. Auf seine mehrfachen Bitten, den Gefangenen auf der psychiatrischen Station aufzunehmen, wurde ihm bedeutet, dass er kein Psychiater sei und das nicht beurteilen könne. Ein anderer Gefangener seiner Station war ein notorischer Querulant. Halbstündlich betätigte er den Notruf, um sich über irgendetwas zu beschweren. Auf dem Gang sei zu viel Lärm, in seinem Haftraum sei es zu warm oder zu kalt, das Essen sei zu wenig oder zu viel, zu wenig Kanäle seien zum Fernsehen freigeschaltet und dergleichen mehr. Wenn Hubert den Gefangenen dann belehrte, dass das Notrufsystem für derartige Beschwerden nicht gedacht sei und er wegen Missbrauchs des Notrufsystems disziplinarisch belangt werden könnte, schob der Gefangene schnell ein medizinisches Problem hinterher – er habe außerdem noch massive Bauchschmerzen und bräuchte ein entsprechendes Medikament. Niemand konnte ihm verwehren, bei starken Schmerzen, die ihm auch niemand widerlegen konnte, den Notruf zu betätigen.

Es gab nicht viele Gefangene, die so anstrengend im Umgang waren, aber einige eben doch. Und das Schlimme daran war, dass Hubert sie nie loswerden würde. Es handelte sich um Inhaftierte mit sehr langen bis hin zu lebenslangen Haftstrafen. Ein weiterer, systemimmanenter Umstand belastete den Umgang. Die weitaus meisten Anträge der Gefangenen wurden abgelehnt. Nicht von Hubert, sondern von höherer Stelle. Hubert musste aber den Betroffenen die Ablehnung eröffnen. Und er bekam ihren Frust ab. Frust, den er oft genug verstehen konnte. Ein Gefangener etwa war Fan des FC Bayern München. Er wollte sich für den Gefängnissport gerne ein T-Shirt im FC-Bayern-Look bestellen. Das wurde ihm untersagt mit der Begründung, dies könne Fans anderer Mannschaften unter den Gefangenen aggressiv machen und würde daher die Sicherheit und Ordnung der Anstalt gefährden. Hubert durfte aber gegenüber den Gefangenen, wenn er ihre Anträge ablehnte, nie signalisieren, dass er für die Ablehnung des Antrags kein Verständnis hatte. So etwas sprach sich schnell bis zu seinen Vorgesetzten herum und wurde als illoyal und unprofessionell gerügt. So bestand sein Arbeitsalltag im Wesentlichen daraus, den wenigen Problemfällen dazu zu dienen, ihre Störungen an ihm auszuagieren, und ansonsten die Ablehnung von Anträgen zu eröffnen. Viel Zeit nahmen die regelmäßigen Kontrollen der Hafträume und der Inhaftierten selbst in Anspruch. Er musste nach Waffen, Drogen, Alkohol, Handys und Pornos suchen. Gefunden wurde immer etwas, vor allem Drogen. Dann musste Hubert eine Meldung und eine Disziplinaranzeige schreiben.

Es fehlte an Zeit, sich intensiver mit einzelnen Inhaftierten auseinanderzusetzen, mit ihnen zu sprechen und denen zu helfen, die sich helfen lassen wollten und denen zu helfen war. Die Justiz musste Personal abbauen, so dass irgendwann eigentlich überhaupt keine Zeit mehr für solche Gespräche blieb. Von dem, was er in seiner Ausbildung gelernt hatte, konnte er kaum etwas brauchen, und das Bild, das ihnen bei der Einstellung vom uniformierten Justizvollzugsbeamten vermittelt worden war, fand sich in der Praxis nicht wieder. Sein Anstaltsleiter präsentierte sich nach außen als liberaler Freigeist, dem die Fortentwicklung eines humanen Strafvollzuges ein Herzensanliegen war. So entschied er eines Tages, dass die Hafträume der Inhaftierten bis zur Nachtruhe geöffnet sein müssten, damit sich die Gefangenen möglichst lange auf den Gängen austauschen konnten und nicht zu isoliert auf ihren Hafträumen waren. Eigentlich ein guter Gedanke, fand Hubert, das Problem vor Ort war bloß, dass die Zahl der gewaltsamen Auseinandersetzungen zwischen rivalisierenden Gruppen, der Drogenhandel und die Unterdrückung von Schwächeren zunahmen und von Hubert und seinen Kollegen kaum noch in den Griff zu bekommen waren. Es hätte also viel mehr Personals bedurft, um die Anweisung des Direktors sinnvoll umzusetzen. So war es eine Maßnahme, die nach außen als human zu verkauft werden konnte, die im Inneren aber die Probleme massiv vergrößerte. Die Probleme von Hubert und seinen Kollegen. Das Justizministerium zeichnete nach außen und innen jeweils das Bild des Vollzugsbeamten, das gerade opportun war. Wenn die Politik unter medialen Druck geriet, weil es viel Gewalt oder Drogenmissbrauch unter Gefangenen gab, wurden verstärkte Kontrollen angeordnet. Dann mussten Hubert und seine Kollegen noch öfter die Hafträume durchsuchen, um zum Beispiel Stichwerkzeuge zu finden. Vielmehr, sie mussten dafür unterschreiben, dass sie die Kontrollen durchgeführt hatten, denn faktisch war es gar nicht mehr möglich, die Hafträume so sorgfältig zu durchsuchen, wie es Vorschrift war. Das Ministerium konnte dann aber nach außen dokumentieren, wie konsequent man vorging, um Sicherheit und Ordnung in den Anstalten zu garantieren. Geriet das Ministerium von anderer Seite unter Druck, von humanistischen Verbänden, Rechtsanwälten, Gerichten oder Anti-Folter-Komitees, dann musste die Karte »Behandlung, Resozialisierung und humaner Strafvollzug« gespielt werden. Hubert wurde dann zum Therapeuten in Uniform und leitete – auf dem Papier – Gesprächsgruppen und Ähnliches. Rein faktisch war dafür allerdings keine Zeit.

Hubert beantragte mehrfach die Versetzung in eine Anstalt, die näher an seinem Wohnort lag. Der Antrag wurde immer abgelehnt, und wie bei den Inhaftierten eröffnete ihm nicht derjenige die Ablehnung, der sie zu verantworten hatte. Ihm wurde signalisiert, dass er gewusst habe, was auf ihn zukäme, als er sich für den allgemeinen Vollzugsdienst verpflichtete. So musste er weiter pendeln. Vier Stunden jeden Tag, denn sein Gehalt reichte nicht für eine Zweitwohnung in Nähe der Anstalt.

III.

Einigen seiner Kollegen gelang es trotz allem, sich immer wieder zu motivieren und pflichtgemäß ihren Dienst zu verrichten. Viele kompensierten allerdings den täglichen Frust, indem sie regelmäßig krank feierten. Ohne Probleme konnte man so im Jahr einige Wochen bezahlten »Urlaub« dazugewinnen. Jeder Psychiater stellte ohne weiteres den Krankenschein aus, und durch den Beamtenstatus war man weitgehend vor dienstlichen Nachteilen geschützt. Tatsächlich gab es ja aufgrund der dienstlichen Belastungen auch psychisch Erkrankte. Im Durchschnitt hatte jeder Bedienstete in Huberts Anstalt über vierzig Krankentage pro Jahr. Andere tranken während des Dienstes Alkohol, handelten mit Aktien über das Internet oder unterhielten sexuelle Beziehungen im Kollegenkreis. Einige Kolleginnen hatten sich auch mit Gefangenen eingelassen. Wenn das herauskäme, drohte ihnen der Verlust ihres Arbeitsplatzes. Für Hubert war das alles nichts. Er war jemand, der sich über seine berufliche Tätigkeit definierte, und das wollte er auch weiterhin. Je größer der tägliche Frust wurde, desto verbissener versuchte er, seine Arbeit so ordentlich und gut zu verrichten, wie es eben ging. Er hatte inzwischen einige Hundert Überstunden angesammelt, da irgendjemand ja die Arbeit der erkrankten Kollegen übernehmen musste. Er hoffte, mit der Zeit etwas in der Hierarchie aufzusteigen, um damit nicht nur mehr Geld zu verdienen, sondern auch mehr selbst entscheiden, gestalten und mitreden zu können.

Nach einigen Jahren war es so weit. Hubert hatte die notwendige Wartezeit bis zur möglichen Beförderung erfüllt, und seine dienstlichen Beurteilungen waren gut. Allein, er wurde nicht befördert. Hubert dachte sich, »vielleicht bin ich nächsten Monat an der Reihe«, und übte sich in Geduld. Seine unmittelbaren Vorgesetzten verstanden ebenfalls nicht, warum Hubert nicht befördert wurde, schließlich hatten sie ihm gute Beurteilungen ausgestellt. Aber er wurde nicht befördert. Weder im folgenden Monat noch im Monat darauf. Als einige seiner Kollegen, die gleichzeitig den Dienst angetreten hatten, längst aufgestiegen waren – auch die, die jedes Jahr ein paar Wochen krankheitsbedingt fehlten –, wandte er sich an die Anstaltsleitung. Er stellte einen Antrag für ein

Gespräch beim Anstaltsleiter und bekam zwei Wochen später einen Termin.

IV.

Er musste länger im Vorzimmer des Anstaltsleiters warten, bis er von der Sekretärin hereingebeten wurde. Der Anstaltsleiter blieb sitzen, als er Hubert die Hand gab, und hatte dessen rosafarbene Personalakte vor sich auf dem Schreibtisch liegen. Hubert war sich nicht sicher, ob er sich auch hinsetzen durfte, aber er tat es, so langsam, dass er es sofort hätte abbrechen können, wenn der Direktor darüber seinen Unwillen signalisiert hätte. Dieser nickte jedoch wohlwollend, so dass sie sich nun gegenübersaßen.

Im Hintergrund lief im Büro des Anstaltsleiters immer leise Wagner, ohne dass ein CD-Spieler oder Ähnliches zu sehen war. Hinter dem Schreibtisch hing ein riesiges, fast lebensgroßes Ölgemälde an der Wand, das ein Gefangener gemalt hatte und auf dem mit viel Wohlwollen der Direktor selbst zu erkennen war.

»Vielen Dank, Herr Direktor, dass Sie sich die Zeit für ein Gespräch nehmen und mir einen Termin gegeben haben.«

Der Direktor nickte zufrieden. »Das ist selbstverständlich! Es war immer meine Führungsmaxime, den Finger ganz dicht am Puls des Personals zu haben.« Er griff zu seiner Kaffeetasse, die in seinen fülligen Händen völlig verschwand und wie ein Puppenspielzeug wirkte, und sah dabei unauffällig auf den Deckel von Huberts Personalakte, weil er seinen Namen nicht mehr parat hatte. »Herr Zuntz, was führt Sie denn zu mir?«

Hubert war anzusehen, dass es ihm nicht leichtfiel, zu sagen: »Ich wollte mich mal erkundigen, warum ich noch nicht befördert worden bin. Alle mir bekannten Kollegen, die genauso lange dabei sind wie ich, sind schon befördert worden, und ich habe doch gute Beurteilungen!«

Dem Direktor schien die Frage nicht sehr zu gefallen, er blätterte eine Weile in Huberts Akte und schob sich dabei seine Brille auf die Stirn. »Hmm … mal sehen … Ja, das kann ich im Moment auch nicht so ganz nachvollziehen. Wissen Sie was? Ich lasse das von der Personalabteilung prüfen, und Sie hören dann in Kürze von uns. Mir ist es sehr wichtig, dass die engagierte und kompetente Arbeit, die Sie und Ihre Kollegen hier tagtäglich leisten, in einem wahrlich nicht einfachen Arbeitsumfeld, auch entsprechend honoriert wird. Sollen wir es so machen?«

Hubert war zufrieden und bedankte sich herzlich. Nun würde alles seinen ordnungsgemäßen Gang gehen.

V.

Anfangs war Hubert noch in seiner Uniform zur Arbeit und wieder nach Hause gefahren. Als seine Frau aber von einigen Leuten in ihrem Wohnort angesprochen worden war, ob sie mit einem »Schließer« und »Wärter« verheiratet sei, beschloss das Paar, dass er die Uniform nur noch in der Anstalt tragen würde. Von der ausstehenden Beförderung ganz abgesehen, gab es auch sonst sehr selten positives Feedback für Hubert. Die Gefangenen beschwerten sich fast nur bei ihm, was ja auch nachvollziehbar war. Sollten sie sich bei ihm bedanken, weil er ihre Hafträume durchsuchte, oder ihn loben, weil er sie sich entkleiden ließ, damit er sie auf Drogen kontrollieren konnte? So fiel es ihm immer schwerer, sich für seine Arbeit zu motivieren und sich damit zu identifizieren. Als er einmal von einem Gefangenen angespuckt und als »größtes Arschloch der deutschen Nation« bezeichnet wurde und er sich bei seinem juristischen Abteilungsleiter darüber beschwerte, riet der ihm, von einer Anzeige abzusehen. Der Gefangene sei nicht ganz zurechnungsfähig, dabei käme nichts heraus. Hubert wusste allerdings, dass der Abteilungsleiter jeden Kleinkram zur Anzeige brachte, wenn irgendein Gefangener ihn beleidigte. Ein mehrfacher Mörder hatte den Abteilungsleiter beispielsweise in einem Schreiben als »Rechtsverdreher« bezeichnet und wurde wegen Beleidigung angezeigt.

Bei all dem Frust, der fehlenden Anerkennung und dem fehlenden Rückhalt war Hubert sehr dankbar, wenn es ab und zu und ausnahmsweise doch positive Rückmeldungen wenigstens von Seiten der Inhaftierten gab. Besonders einer von ihnen, ein Türke, der seine Tochter umgebracht hatte, weil sie sich weigerte, den für sie bestimmten Mann zu heiraten, verhielt sich ihm gegenüber ausgesprochen höflich. Selbst bei abgelehnten Anträgen äußerte er Verständnis und machte Hubert nie Vorwürfe. Er bedankte sich, wenn Hubert etwas tat, was er ohnehin hätte tun müssen, beispielsweise ihm die Post aushändigen, und grüßte ihn freundlich, wenn sie sich über den Weg liefen. Auch half er unentgeltlich mit, wenn auf der Station etwa Möbelstücke von einem Büro in ein anderes transportiert werden mussten.

Eines Tages bat der Türke Hubert um einen Gefallen. Er habe in einigen Tagen Geburtstag und wünsche sich nichts sehnlicher, als nach zehn Jahren Haft einmal wieder Baklava, ein Blätterteig-Gebäck und eine türkische Spezialität, zu essen. Das hatte es noch nie als Teil der Anstaltskost gegeben und würde es auch nie geben. Für ihn wäre es eine Erinnerung an seine Heimat und Kindheit, sagte der Türke und weinte. Hubert wusste, dass es nicht erlaubt war, den Gefangenen irgendetwas mitzubringen. Es könnten so Abhängigkeitsverhältnisse entstehen, andere Gefangene könnten sich benachteiligt fühlen usw. Andererseits war der Wunsch des Inhaftierten für ihn absolut nachvollziehbar. Außerdem hatte sich der Türke dieses Geschenk wahrlich verdient. Was sollte schon an einer Baklava sein, und keiner würde es merken. So brachte er dem Türken zum Geburtstag Baklava mit, die er in seinem Brotzeitbehälter versteckte. Es bekam auch niemand mit. Kein Gefangener und kein Beamter. Allerdings erzählte es der Türke einige Tage später einem Mitgefangenen, um diesem klarzumachen, was für ein anständiger Kerl Hubert war. Das war ein Fehler.

VI.

Ein Fehler war es auch von Hubert zu glauben, mit seiner Beförderung ginge nunmehr alles seinen ordnungsgemäßen Gang. Mit großem Bedauern wurde ihm mitgeteilt, dass er bei der Beförderungsrunde schlicht übersehen worden sei. Nun seien allerdings erst einmal alle Beförderungsstellen weg, es könne dauern, bis die Anstalt wieder eine solche Stelle zugewiesen bekomme. Aber man versuche das Menschenmögliche. Und man werde sehen, ob man ihm nicht, als zumindest geringen Ausgleich, zum Jahresende eine Leistungsprämie aussprechen könnte. Hubert war am Boden zerstört.

VII.

Dass er dem Türken unerlaubt etwas mitgebracht hatte, hatte sich mittlerweile unter den Gefangenen herumgesprochen. Auch unter den Mitgliedern der anstaltsinternen Russenmafia. Ein Gefangener aus dieser Gruppierung, ein junger Mann, Anfang zwanzig, mit aufgepumpten Oberarmen und glattrasiertem Schädel, sprach ihn eines Tages an, als er die Beaufsichtigung des täglichen Aufenthalts im Freien, des sogenannten Hofgangs, übernommen hatte. Der junge Mann klagte darüber, dass seine gesamte Familie nach wie vor in Russland lebe. Auch seine Frau mit dem kleinen gemeinsamen Sohn. Seine Angehörigen seien viel zu arm, um ihn in Deutschland in Haft zu besuchen. So sei er auf das Telefon angewiesen, um sie wenigstens ab und an zu sprechen und die Stimme seines Sohnes zu hören. Einmal im Monat wurden ihm solche Gespräche unter der Aufsicht eines Sozialarbeiters genehmigt, allerdings musste er die Gebühren selbst tragen, und die waren, gerade für einen Gefangenen, unglaublich hoch. Ob es nicht die Möglichkeit gäbe, dass Hubert ihm einmal ein Handy mitbringen könne? Er würde es nur für Gespräche mit seiner Familie verwenden, und Hubert würde Geld dafür bekommen.

Dass die Angaben des Gefangenen, was seine Familie und die hohen Telefongebühren betraf, stimmten, wusste Hubert, aber er glaubte ihm nicht, dass er das Handy nur für Gespräche mit der Familie zu nutzen plante. Und er, Hubert, würde massive dienstrechtliche Probleme bekommen, wenn er einem Gefangenen ein Mobiltelefon mitbrachte. Er könnte sich sogar strafbar machen. Handys waren strikt verboten, mit ihnen konnten Fluchtpläne ausgeheckt oder Drogengeschäfte getätigt werden. Es war Hubert nicht entgangen, dass ein Kollege den Gefangenen immer wieder Handys mitbrachte und dafür ordentlich bezahlt wurde. Das Geschäft mit den Telefonen blühte, allein schon, weil aus Sicherheitsgründen und wegen des hohen Personalaufwandes selten reguläre überwachte Telefongespräche genehmigt wurden. Faktisch fanden mit den illegalen Handys eine Vielzahl unüberwachter Gespräche statt. Und die Konflikte und Spannungen unter den Inhaftierten nahmen zu. Der Schwarzmarkt dafür war fast so umkämpft wie der um die Drogen.

Hubert erschien das jedoch viel zu riskant. Eine Baklava war das eine, aber ein Handy? Niemals. Er lehnte entrüstet ab. Am nächsten Tag kam ein anderer russlanddeutscher Gefangener, ein etwas älterer Mann mit gepflegtem Haarschnitt und Brille, während des Hofganges zu ihm. Offenbar stand er in der Mafia-Hierarchie schon etwas höher. Er wiederholte nun die Forderung nach einem Handy und fügte neben der bekannten Begründung hinzu, sie wüssten, dass Hubert dem Türken eine Baklava mitgebracht hätte. Sie sähen sich gezwungen, dies bei der Anstaltsleitung anzuzeigen, wenn er ihnen nicht bei dem Handy entgegenkäme. Er solle es ihm nur für eine Woche aushändigen, dann würde er es zurückbekommen. Ein Freund von ihm hätte draußen einen Handyladen, der wisse Bescheid. Von ihm würde er das Handy mit einer Prepaidkarte bekommen, außerdem 200 Euro als Entgelt für seine Hilfe. Hubert war wie vor den Kopf geschlagen. Das durfte doch nicht wahr sein! Jetzt wurde er erpresst. Er, der doch immer nur das Beste für die Inhaftierten wollte! Ihm fehlten die Worte. Eigentlich hätte er den Gefangenen sofort anzeigen müssen. Aber irgendetwas hemmte ihn. Er musste zunächst Zeit gewinnen und sagte zu dem Russlanddeutschen so souverän und unbeeindruckt wie er konnte: »Ich bin morgen um die Zeit wieder hier. Dann reden wir noch einmal darüber.« Der Gefangene nickte freundlich und bedankte sich höflich für das Gespräch.

VIII.

Hubert konnte mit niemandem über die Angelegenheit reden. Die Gefahr wäre zu groß, dass ein Kollege, den er ins Vertrauen zog, die Sache weiter an die Anstaltsleitung gab. Und mit seiner Frau reden, das wollte er nicht. Er war sich sicher, dass sie verlangen würde, den Vorgang sofort zur Anzeige zu bringen. Er hatte ihr nichts von der Baklava erzählt, und wenn er es jetzt täte, würde sie ihm Vorwürfe machen. Sie drängte schon lange, nun endlich einen größeren Kredit aufzunehmen und sich ein Eigenheim zuzulegen. Sie hatten alles ganz genau ausgerechnet und dabei seine künftige Beförderung einbezogen. Wenn sie erführe, dass er diese Beförderung aufs Spiel gesetzt hatte, gäbe es Streit. Obwohl ihm noch nicht ganz klar war, wie er vorgehen sollte, wusste er instinktiv ganz genau, dass er keine Anzeige erstatten wollte. Was hätte das gebracht? Der russische Gefangene würde alles bestreiten, Zeugen gab es nicht, und die Sache mit der Baklava würde aktenkundig und er vermutlich eine Disziplinarmaßnahme bekommen.

Es wussten offenbar zu viele Gefangene davon, so dass nicht nur Aussage gegen Aussage stehen würde, und seine Beförderung könnte noch weiter in die Ferne rücken. Es gab ja kaum positive Kriterien, anhand derer man beurteilt werden konnte. Pünktliches Erscheinen usw. traf fast für alle

Bediensteten zu, auch angemessenes Auftreten im Umgang mit Vorgesetzten. Das war nichts, mit dem man sich positiv hervortun konnte. Nein, positive Beurteilungen erhielt, wer weniger negative Einträge in seiner Akte hatte als die anderen. Zudem hielt Hubert es für reine Schikane, dass man Gefangenen, deren Angehörige im Ausland lebten, nicht ermöglichte, zu einigermaßen zivilen Preisen mit diesen zu telefonieren. Er musste sich vor Ort die Beschwerden der Gefangenen darüber anhören und auch ihr Leid miterleben, wenn sie ihre Angehörigen nur wenige Minuten sprechen konnten. Er mochte es selber kaum glauben, aber je länger er darüber nachdachte, desto eher konnte er es sich nun vorstellen, dem Gefangenen tatsächlich ein Handy mitzubringen. Unterschwellig, und vielleicht war das sein Hauptmotiv, bereitete es ihm Genugtuung, wenn er auf diese Art und Weise die Regeln des Systems brach, das ihm selbst gegenüber ja auch nicht die Regeln einhielt.

IX.

Als Hubert die Angelegenheit am nächsten Tag mit dem Gefangenen besprach, kam er sich fast ein wenig abenteuerlustig vor. Und als er das Handy dann wie vereinbart von dem Händler abholte, da fühlte er sich schon wie James Bond. Aufgeregt und ängstlich wurde er allerdings, als er die Schmuggelware mit in die Anstalt hineinnahm. Die Bediensteten durften überhaupt keine Handys mitbringen, auch nicht ihre eigenen, sondern mussten sie zusammen mit ihren Autoschlüsseln in ihren jeweiligen Schließfächern im Eingangsbereich verstauen. Wer danach mit einem Handy ertappt wurde, beging bereits ein Dienstvergehen, selbst wenn er das Handy nicht an Gefangene weitergeben wollte. Seit Neuestem gab es die Ermächtigung und sogar Verpflichtung der Anstaltsleitung, Bedienstete verdachtsunabhängig nach Handys und anderen unerlaubten Gegenständen zu durchsuchen. In einer anderen Anstalt war ein ganzer Ring von Händlern unter den Bediensteten aufgeflogen, die Handys, Alkohol und sogar Drogen mit in die Anstalt gebracht hatten. Das hatte zu einem großen medialen Aufruhr geführt, und das Ministerium sah sich veranlasst, mit der Anordnung an die Anstalten für verdachtsunabhängige Kontrollen wieder öffentlich für Ruhe zu sorgen. Bislang waren derartige Kontrollen noch nie durchgeführt worden – welcher Kollege wollte schon einen Kollegen durchsuchen? Aber Hubert war sehr ängstlich. Er wickelte das Mobiltelefon eng in eine Klarsichtfolie ein, steckte es sich in den After, befestigte es mit Pflastern und zog eine weite Unterhose an. Er wusste, dass bei einer etwaigen Kontrolle nicht verlangt werden durfte, seine Unterwäsche auszuziehen. Als er den Raum mit den Schließfächern verließ, wurde ihm schlagartig bewusst, dass er neuen Boden betrat. Den Boden des Rechts, der bis dahin der einzige war, den er überhaupt kannte, hatte er endgültig verlassen. Hubert war überrascht, wie unproblematisch alles lief. Wenn ein Gefangener während des Hofganges ganz dringend auf die Toilette musste, konnte er sich bei einem der Beamten melden, der dann die Tür zum Haftgebäude aufschloss, den Gefangenen zur Toilette führte, davor wartete und ihn danach wieder ins Freie brachte. So machten es Hubert und der Russlanddeutsche, und Hubert betrat zuerst kurz die Toilette und deponierte das Handy, das der Gefangene dann mitnahm.

Am nächsten Tag holte sich Hubert wie vereinbart seine 200 Euro von dem Handyhändler ab, und er verspürte dabei das merkwürdige Gefühl, dass es richtig verdientes Geld war. Er hatte etwas riskiert, sich Gedanken gemacht und eine kreative Lösung gefunden. Und er hatte etwas Sinnvolles getan. Sprach man nicht immer ganz groß davon, viel Wert auf stabilen Kontakt der Inhaftierten mit ihren Angehörigen zu legen? Nun, den hatte er jetzt erleichtert, diesen Kontakt. Die 200 Euro waren redlich verdient.

X.

Einige Male schmuggelte Hubert Handys oder Prepaidkarten für die Russen in die Anstalt, und immer ging es gut. Bis ihn eines Tages einer der Russen bat, ein kleines Päckchen mitzubringen, das ihm der Handyverkäufer übergeben würde. Hubert konnte sich denken, was darin war. Drogen. Er bat sich einige Tage Bedenkzeit aus, die ihm der Russe auch großzügig gewährte. Hubert wurde es jetzt wirklich angst und bange. Er war ein ganz normaler Mensch, Ehemann, Bürger, Beamter sogar, und hatte nie etwas anderes vorgehabt, als seine Arbeit ordnungsgemäß zu erledigen, ein Haus zu kaufen und eine Familie zu gründen. Und nun sollte er zum Drogenkurier werden? Wäre er doch einfach Schreiner geblieben, er wäre niemals in dieses Dilemma geraten.

Auf Dauer konnte man wohl nur verlieren, wenn man in die Fänge der Justiz geriet, ganz gleich, auf welcher Seite der Gitter. Das war das sichere Gehalt nun wirklich nicht wert. Aber für derartige Überlegungen war es zu spät. Er saß in der Falle. Spätestens seit den Handys und den entgegengenommenen Zahlungen gab es kein Zurück mehr, er war in der Hand der Russen. Hubert argumentierte sich selbst gegenüber, dass er ja gar nicht sicher wusste, ob das Päckchen Drogen enthielt. Vielleicht waren nur persönliche Schreiben darin, von denen die Russen nicht wollten, dass sie die Postkontrolle durchliefen? Und bisher war doch alles gutgegangen mit dem Hineinschmuggeln. Zugleich, wenn er das jetzt machte, was käme als Nächstes? Was, wenn die Russen einmal von ihm verlangen würden, er solle eine Pistole in die Anstalt schmuggeln? Aber wie er es auch drehte und wendete, er steckte in einem klassischen Dilemma, das sich nicht unbeschadet oder ohne Gefahr in die eine oder andere Richtung auflösen ließ. Er entschloss sich, das Päckchen noch zu schmuggeln, aber nur, wenn ihm der Russe im Namen der gesamten Organisation der Russenmafia in der Anstalt das Ehrenwort gab, ihn danach in Ruhe zu lassen. Dafür wollte er auch keine Belohnung für den Schmuggel des Päckchens. Auf ein Ehrenwort, das wusste er, konnte man sich bei den Russlanddeutschen einigermaßen verlassen. Die Russenmafia hatte ihre Regeln, wie der Staat auch, und ebenso wie bei diesem wurden diese Regeln nur gebrochen, wenn es gar keinen anderen Weg gab, seine Ziele zu erreichen. Was im deutschen Staat die notarielle Beurkundung ist, ist bei der Russenmafia das Ehrenwort. Und der Russe gab ihm dieses Ehrenwort.

XI.

Als Hubert nun in der Ecke des Platzes stand, auf dem die Gefangenen ihren täglichen Hofgang durchführten, und der etwa die Fläche eines halben Fußballfeldes einnahm, bekam er richtige Angst. Es war eine Grenze, die er nie überschreiten wollte, bei der er sich vor einigen Monaten nicht hätte vorstellen können, überhaupt an sie zu gelangen. Und nun trug er, es konnte ja gar nichts anderes sein, tatsächlich ein Päckchen mit Drogen bei sich. Er hatte noch nie Drogen in Besitz gehabt, geschweige denn welche konsumiert. Aber es gab keinen Weg zurück, und Hubert funktionierte automatisch. Die meisten Gefangenen liefen im Kreis um den Platz herum. Auch der Russe, dem er das Päckchen übergeben sollte. Als dieser an ihm vorbeiging, nickte Hubert ihm kurz zu. Das war das Zeichen, dass er das Päckchen dabei hatte. Jetzt würde der Gefangene noch eine halbe Runde drehen, und dann zu Hubert gehen, um ihn zu bitten, ihn zur Toilette zu führen. Hubert blickte in den Himmel, es war ein wolkenfreier, heißer Tag, und wünschte sich so sehr, irgendwo anders zu sein, bloß nicht hier, im Gefängnis. Mit einem Päckchen Drogen im After.

XII.

Als er die beiden Männer in Zivil sah, die plötzlich auf den Hof kamen, wurde ihm schlagartig klar, dass es vorbei war. Er nickte ihnen wissend zu, fast bittend, damit sie es nicht auch noch aussprachen. Sie taten es dennoch. »Kriminalpolizei. Würden Sie uns bitte begleiten?« Er hatte das Gefühl, dass alle wussten, was vor sich ging. Die Gefangenen und die Beamten. Vielleicht traf das auch zu.

Später erfuhr er, dass der Handyhändler schon seit längerer Zeit observiert wurde. Er schämte sich, aber nicht deshalb, weil alle nun sahen, was er Verbotenes getan hatte, sondern weil alle nun sahen, dass er sich dabei erwischen ließ. Wie konnte man nur so dumm sein? Er dachte an seine Frau und daran, dass sie immer noch nicht schwanger war. Der Traum vom gemeinsamen Eigenheim würde nun in weite Ferne rücken. Doch er fühlte sich merkwürdigerweise erleichtert. Fast frei.

DER VERLORENE SOHN

I.

Für die anderen war alles Spaß. Vielleicht nicht nur Spaß, aber jedenfalls kein Ernst. Für Karl aber war es bitterer Ernst. Es bestimmte sein Leben. Die anderen konnten, wenn es Ärger in der Schule gab, nach Hause gehen. Dort Trost und Kraft finden. Er konnte das nicht. Er hatte zwar auch ein Dach über dem Kopf und fand genügend zu essen vor, wenn er in sein Elternhaus heimkehrte, aber mehr auch nicht. Trost und Kraft fand er dort nicht. Er hatte es auch längst aufgegeben, danach zu suchen. Seine Eltern, beides Juristen und höhere Verwaltungsbeamte, erübrigten kaum Zeit für ihn. Vor allem hatten sie keine Liebe für ihn. Er musste einfach irgendwie funktionieren. Geschwister hatte er nicht. Beim gemeinsamen Abendbrot durfte er keine seiner Probleme ansprechen, denn wenn er dies tat, wurden sie größer als zuvor. Gab es Ärger mit einem Lehrer, von dem er sich ungerecht behandelt oder benotet fühlte, dann lag der Fehler ganz sicher bei ihm. Der Lehrer war im Recht, und er hatte sich falsch verhalten. Bekam er eine schlechte Note, war es seine Schuld. Er lernte eben einfach zu wenig. War er wütend oder traurig, weil sich Mitschüler über ihn lustig machten, war auch das allein seine Schuld. Jeder Frust, jeder Ärger, jede Aggression war ganz allein seine Schuld. Die Außenwelt trug daran keinen Anteil, er selbst verursachte diese unangenehmen Gefühle, und er selbst musste mit ihnen zurechtkommen und sie verarbeiten. Vor allem durfte er seine Eltern nicht mit Problemen belasten, denn diese plagten genug eigene. Das vermittelten sie ihm, seit er auf der Welt war.

So gab er es irgendwann auf, über negative Emotionen zu sprechen oder sie gar auszuleben. Zu Hause wurde nur noch über Unverfängliches geredet, kein Stück seiner Last konnte er teilen. Er sah die Schuld tatsächlich nur bei sich, wie hätte er auch anders denken können, und seine Selbstzweifel wurden über die Jahre zum Hass. Vor allem zum Hass auf sich selbst. Mit jeder Kränkung wurde dieser Hass größer und sein Selbstwertgefühl kleiner. Ein Teufelskreis, denn so wurde es immer einfacher und ging immer schneller, ihn zu kränken. Er empfand vieles schneller, leichter und schutzloser als Kränkung. Jedes böse Wort, jeder verächtliche Blick, jedes hämische Grinsen, ja, jedes Nicht-auf-ihn-Eingehen, jedes Ihn-nicht-Wahrnehmen fuhr ihm schmerzhaft und zutiefst verletzend bis auf den Grund seiner Seele. Er war dann so vernichtend getroffen, dass er keine Worte zur Gegenwehr fand und sich noch weiter in sich selbst zurückzog. Wenn er sich mühsam wieder innerlich aufgerappelt hatte, so war die Wunde nicht verheilt, sondern nur überdeckt, und sie wurde täglich tiefer.

Es scheint in der Natur vieler Menschen zu liegen, sich allzu bedürftige Mitmenschen vom Leibe zu halten. Je verletzter Karl wurde, desto bedürftiger war er. Und je mehr er der Bestätigung der Außenwelt bedurfte, desto weniger zeigte sich diese bereit, sie ihm zu geben. Jeder ist schließlich bedürftig, Karl aber hatte anderen immer weniger von dem zu geben, was sie brauchten. Was er noch zu geben hatte, war die Einladung, ohne größere Gefahr Aggressionen an ihm auszulassen. Und wer neigt in der Pubertät, in der sich Karl und seine Mitschüler befanden, nicht dazu, eigene Probleme auf Kosten anderer auszuagieren? Irgendwo musste der Frust raus, und am besten dort, wo es den geringsten Widerstand gab. Auch gehört es wohl zur Natur des Menschen, dass er in jungen Jahren versucht, bei anderen eine Schwingung, eine Resonanz, einen Widerhall zu erzeugen, um die eigene Wirksamkeit zu erproben.

Karls Schulkameraden fingen an, sich über sein Äußeres lustig zu machen und darüber, dass er offenbar zu dumm oder zu feige war, sich zu wehren. Auch die Mitschüler, die ihm ursprünglich wohlgesonnen waren, wandten sich zunehmend von ihm ab. Es war uncool, in seinem Dunstkreis zu sein, und gefährlich. Man könnte schließlich auch ins Zielfeuer der breiten Masse geraten, mit heruntergerissen werden. Karl wurde so immer einsamer, immer verzweifelter. Er wusste nicht, was Liebe ist, und er wusste nicht, dass diese in der Schule nicht zu holen war. Doch wenn er auch nicht wusste, wie es sich anfühlte, geliebt zu werden, so spürte er umso deutlicher den Schmerz fehlender Liebe, der ins Menschsein hineindringt, tief und unerbittlich, und es letztlich vernichtet. Irgendwann, irgendwie würde sich seine Wut, sein Hass Luft machen müssen. Gegen sich selbst oder gegen andere. Es gibt nur diese beiden Alternativen.

II.

Es spritzte kein Blut, wie man es aus Filmen kannte. Zu sehen war erst einmal gar nichts. Aber wie es sich anhörte und anfühlte, als Karl den Kopf seines Mitschülers mit voller Wucht an die Pissoirschüssel knallte! Unnatürlich, brutal, gegen jeden Widerstand. Der Hass musste überwältigend sein, um so etwas überhaupt tun zu können. Aber sein Schmerz war noch größer als der, den er dem anderen nun zufügte.

Der Tag hatte begonnen wie jeder andere. Drückend, lähmend und zäh. Sein Vater nahm ihn auf dem Weg zur Arbeit wie üblich im Auto mit. Wenn sie zu zweit waren, sprachen sie kaum miteinander. Worüber auch? Als der Vater ihn dann an der Kreuzung aus dem Auto ließ, von wo aus er nur noch einige Minuten zu Fuß laufen musste, überlegte Karl wie jeden Tag kurz, nicht zur Schule zu gehen.

Lust auf den Unterricht hatte er nie. Aber wohin hätte er gehen sollen, wenn nicht in die Schule? Er hatte keine Kumpels, mit denen er den Tag anderweitig verbringen konnte. Und er wusste, seine Eltern würden noch kälter und abweisender werden, wenn er auch noch Schulprobleme machte. Seine Existenz war bereits Problem genug für sie. Immerhin waren sie noch einigermaßen freundlich zu ihm, solange er sich in ihrem Sinne verhielt. Wie auch die Lehrer in der Schule. Er fühlte sich so angewiesen auf jedes freundliche Wort, jede freundliche Geste, jede Anerkennung, das wollte er sich nicht auch noch verderben. Nein, wenn er die Schule schwänzte, gäbe das einen Ärger, den er sich nicht leisten, den er nicht ertragen konnte. So ging er wie üblich den kleinen Berg hinauf zum Schulgebäude. Er sah schon einige Mitschüler, die denselben Weg nahmen oder noch in Gruppen in der Nähe der Schule herumstanden. Es war halb acht, der Unterricht würde erst in einer halben Stunde beginnen. Der Anblick einiger Liebespärchen in seinem Alter tat ihm besonders weh. Er fühlte sich wie aus einer anderen Welt, wie von einer anderen Gattung. Das andere, das waren die

Menschen, die lieben und geliebt werden konnten. Und er? Was war er? Wenn er an den kleinen Grüppchen von drei oder vier Schülern vorbeiging und ein Blick in seine Richtung wanderte oder jemand lachte, dann dachte er, sie meinten ihn. Er konnte nicht anders, als zutiefst davon überzeugt zu sein, dass die anderen ihn nicht respektierten. Mehr noch, dass sie ihn verachteten.

Viele rauchten schon. Er traute sich das nicht. Er verzog sich ins Schulgebäude. Bei gutem Wetter wie an diesem Tag hielten sich nur wenige Schüler hier auf, die meisten warteten draußen bis zum Unterrichtsbeginn. Karl sah ein Mädchen aus der Parallelklasse, das mit einer Freundin an einem Getränkeautomaten stand. Die beiden blickten in Karls Richtung, sagten irgendetwas zueinander und lachten. Karl wäre am liebsten im Boden versunken. Er versuchte, aufrecht und selbstbewusst zu gehen, aber er war sich sicher, jeder würde ihm ansehen, wie klein und wertlos er war. Er musste nicht auf die Toilette, aber flüchtete sich dahin. Bloß weg, weg aus den Augen und dem Lachen der Mädchen. Der Vorraum war leer. Karl stützte sich auf ein Waschbecken, sah in den Spiegel, fand sich hässlich und hasste sich. Er wollte einfach nur verschwinden. Oder die anderen sollten verschwinden. Er zuckte zusammen, als die Tür zum Vorraum schwungvoll aufgerissen wurde und ein bestens gelaunter Mitschüler hineinstürmte. »Ah, unser Dickerchen! Vom In-den-Spiegel-Schauen wirst du auch nicht schöner!« Der Mitschüler lachte und ging in den Raum mit den Pissoirs.

III.

Als Karl es hörte und spürte, wie der Kopf seines Mitschülers, der nicht schnell genug seinen Arm zum Schutz heben konnte, gegen die harte Keramik prallte, war seine Wut weg. Auf einmal weg. Als sei sie unmittelbar in den Schmerz des anderen übergegangen. Karl konnte nicht verstehen, was gerade vor sich ging. Er hatte sich noch nie so aggressiv erlebt und auch noch nie so aggressiv gehandelt. So brutal. So hemmungslos. Er fühlte sich befreit und erleichtert, doch als er in das Gesicht des Mitschülers blickte, der ihn fassungslos und mit leerer werdendem Blick ansah, überkam ihn nicht unbedingt Mitgefühl, aber das Empfinden, etwas falsch gemacht zu haben. Der Mitschüler wollte sich mit der Hand an den schmerzenden Kopf fassen, sackte jedoch vorher bewusstlos zusammen. Karl stand regungslos da. Er konnte sich nicht rühren, und er konnte nicht denken. Der Mitschüler schnaufte merkwürdig, und das Blut begann ihm aus der Nase zu rinnen. Er stöhnte. Karl rührte sich immer noch nicht. Da öffnete die Tür zum Toilettenraum, und zwei Mitschüler kamen herein. Von da an erlebte Karl alles nur wie in Trance. Sie fragten ihn, sie schrien ihn an, was passiert sei. Er blieb stumm. Einer rannte hinaus, um im Lehrerzimmer Bescheid zu geben und den Notarzt rufen zu lassen, der andere legte dem auf dem Boden liegenden Schüler, der noch atmete, die Hand auf die Schulter und sprach ihn laut an. Ohne Reaktion. Einige Lehrer eilten herbei, und einer hielt vor der Tür die heranströmenden Schüler ab. Bald traf der Notarzt ein und mit ihm die Polizei.

IV.

Karl wurde wegen versuchten Mordes und gefährlicher Körperverletzung verurteilt. Der Mitschüler hatte überlebt. Das Gericht ging aber davon aus, dass Karl heimtückisch gehandelt und seinen Tod billigend in Kauf genommen hätte. Karl selbst verschlug es nach der Tat für viele Monate die Sprache. Stoisch ließ er die Festnahme, die Untersuchungshaft und alles, was dann folgte, über sich ergehen. Er war einerseits fassungslos über sich und das, was er getan hatte, andererseits einfach leer. Die Wut war, zumindest momentan, weg und raus, aber es fand sich nichts in ihm, was an ihre Stelle hätte treten können. Wie nach einer riesigen, langwierigen Kraftanstrengung hatte er sich in sich selbst zurückgezogen, vielleicht um dort wieder Ruhe und irgendeinen Halt zu finden. Oder weil er alles Reden für aussichtslos hielt und keinen Weg fand, um die Hilfe der Außenwelt zu bitten.

Über seinen Anwalt gab er im Prozess alles zu, ließ Reue und Entschuldigung ausrichten und sprach selbst kaum ein Wort. Über die jahrelangen Kränkungen, die Enttäuschungen, die Zurückweisungen in Elternhaus und Schule redete er auch mit seinem Anwalt nicht. Er kannte es ja gar nicht anders, so nahm er seine Welt wahr, von der er denken musste, es sei die einzig mögliche Realität. Und in dieser Realität war er weniger wert als alle anderen. Wohin sollte es führen, etwas zu auszusprechen, etwas durch Worte zu bekräftigen, das ohnehin sein Leben bestimmte? Um die innere und äußere Realität zu verändern? Er wusste nicht, dass sie überhaupt veränderbar war, und schon gar nicht, wie sie anders hätte aussehen können. Er konnte sich eine Alternative nicht einmal vorstellen und schwieg. Seiner Sprachlosigkeit entgegneten die anderen und machten sich ihr Bild des Geschehens. So wurde er zum Jungen aus gutem Elternhaus, der immer alles bekommen und einen schwächeren Mitschüler grundlos schwer körperlich verletzt und psychisch traumatisiert hatte. Er wurde zu einer Jugendfreiheitsstrafe von über vier Jahren verurteilt.

Seine Mutter besuchte ihn ab und zu in der Haft und überwies Geld. Sein Vater brach jeden Kontakt ab. Die Mutter erzählte ihm, der Vater sei maßlos wütend und enttäuscht von seinem Sohn. Auch die Besuche der Mutter wurden im Laufe der Jahre weniger, sie schrieb ihm lediglich alle paar Monate. Ein paar Klassenkameraden hatten sich zu Beginn seiner Haftzeit im Gefängnis blicken lassen, aber wohl eher, weil sie es aufregend und cool fanden, jemanden im Gefängnis zu kennen. Auch diese Besuche nahmen bald ab, und irgendwann kam außer gelegentlich seiner Mutter niemand mehr. Ihre Fragen waren ohne Interesse, ihre Antworten ohne Trost, aber sie war immerhin, wenn auch selten, da. Die meisten Menschen, die er von draußen kannte, fehlten Karl allerdings nicht mehr. Denn er fand neue Freunde unter den Mitgefangenen. Gute Freunde. Freunde fürs Leben.

V.

Einer aber fehlte Karl zunehmend, und er entwickelte erst jetzt eine Art von Beziehung zu ihm, als er nicht mehr da war. Sein Vater. Karl wunderte sich selber, woran das lag. Er hatte sich nie sehr verbunden mit ihm gefühlt, hatte immer das Gefühl, dieser sah ihn vor allem als Konkurrenten um die Zuneigung der Mutter. Er behandelte Karl gut und freundlich, damit er sich angepasst verhielt und seiner Mutter keine

Sorgen bereite. Überhaupt nahm der Vater ihn als Teil der Mutter wahr, nicht aber als Karl, das Individuum. Den Sohn. Karl vermutete, dass der Vater einerseits froh war, ihn als Konkurrenten aus dem Rennen und hinter Gittern zu wissen, andererseits war er sicher wütend auf ihn, weil er seiner Mutter solchen Kummer aufbürdete und den guten Ruf der Familie so stark beschädigte. Vielleicht lag es auch an seiner Therapeutin, dass der Vater, mit dem er nun seit etwa drei Jahren keinen Kontakt mehr hatte, auf einmal in den Fokus seiner Gedanken und Gefühle geriet. Die Psychologin vermutete in der Beziehung zum Vater die Ursachen von Karls Gewalttat, und der Vater wurde in jeder Therapiesitzung zum alles beherrschenden Thema.

Im Laufe der Monate wuchs in Karl der sehnliche Wunsch, seinen Vater zu sehen. Sich mit ihm auszusprechen. Er konnte sich, im Positiven wie im Negativen, an keinen Moment erinnern, in dem es zu emotionalen Schwingungen zwischen ihm und seinem Vater gekommen wäre. Ihre Beziehung war wie die zweier gegenseitiger Dienstleister oder Geschäftspartner gewesen. Aber der Vater kam nicht, er antwortete nicht einmal auf seine Briefe. Die Sehnsucht, ihn zu sehen und zu sprechen, wurde so immer größer. Karl war regelrecht auf den Vater fixiert, als würden all seine Probleme mit ihm zusammenhängen und durch ein Treffen, eine Aussprache, gelöst werden.

VI.

In der Haft erlebte Karl Freundschaft und Kameradschaft, wie er sie bisher nicht kannte. Und er erlebte noch etwas anderes, ebenfalls völlig Neues für ihn. Respekt. Aufgrund seiner Straftat stand er in der Hierarchie der jungen Gefangenen ganz oben. Versuchter Mord und gefährliche Körperverletzung, das war schon etwas! All die Diebe, Sachbeschädiger und Betäubungsmittelstraftäter sahen zu ihm auf. Er musste gar nichts tun, um sich Respekt zu verschaffen. Das Verhalten, das ihm früher als schüchtern und verklemmt ausgelegt worden war, wurde von seiner neuen Umgebung als ruhig und überlegen wahrgenommen. Karls Selbstbewusstsein wuchs tatsächlich, als er das spürte. Nun gehörte er zum Kreis derjenigen, die das Sagen hatten. Die angesagt und cool waren, die die Schwächeren unter Druck setzten und sich notfalls auch mit Gewalt Vorteile im anstaltsinternen Mikrokosmos verschafften. Er brauchte seine ehemaligen Klassenkameraden, diese bürgerlichen Verlierer, nicht mehr! Nur einen brauchte er noch, und diesen einen Wunsch konnte er noch nicht durchsetzen. Da alle seine Briefe an den Vater unbeantwortet blieben, überlegte Karl sich zusammen mit seiner Therapeutin eine neue Strategie. Er musste über die Mutter einen Zugang zum Vater finden.

VII.

Das Vorgehen, zu dem seine Therapeutin ihm geraten hatte, hielt er allerdings für aussichtslos. Für genauso aussichtslos wie die Briefe an den Vater, die er auch mit ihrer Hilfe geschrieben hatte. Die Therapeutin hatte ihm geraten, offen mit seiner Mutter zu reden, ihr seine Situation darzulegen und sie zu bitten, mit seinem Vater zu sprechen. Das würde niemals funktionieren, davon war Karl überzeugt. Seine Mutter zeigte ihm immer wieder deutlich, dass sie auf keinen Fall mit ihm über den Vater reden wollte. Wahrscheinlich würde sie mit niemandem über ihren Mann diskutieren und ihn und sein Verhalten infrage stellen. So spürte sie auch nicht, wie wichtig es für Karl gewesen wäre, sich zumindest mit ihr über den Vater auszutauschen, wenn er schon nicht direkt an ihn herankam. All die anderen, seine Therapeutin und die Mithäftlinge, kannten seinen Vater ja überhaupt nicht und konnten ihm kein Stück der ersehnten, so wichtigen Resonanz geben, die er von ihm erhoffte. Karl spürte, dass seine Mutter von sich aus nie die Rede auf den Vater bringen würde. Wie also konnte er sie dazu bewegen, dass sie sich auf ein Gespräch einließe und den Vater dann auch noch dazu brachte, den Sohn im Gefängnis zu besuchen? Auf eine einfache Bitte, dem Vater seinen Wunsch zu übermitteln, würde sie ablehnend reagieren, weil sie nicht in den Konflikt zwischen Vater und Sohn hineingezogen werden wollte. Und selbst wenn sie es täte, warum sollte der Vater diesem Wunsch nachkommen, wo er doch nicht mal auf seine Briefe antwortete? Nein, er musste es schaffen, dass sie selbst den Besuch des Vaters wollte. Ihr würde es der Vater nicht abschlagen. Nicht ihm zuliebe oder weil er ein Interesse an der Beziehung zum Sohn hatte, aber um es seiner Frau recht zu machen. Karl sah keinen anderen Weg, als seine Mutter massiv unter Druck zu setzen. Wie es ihm seine Mithäftlinge geraten hatten.

VIII.

Die Mutter begrüßte ihn mit zwei Küsschen auf die Wangen. Es war nicht erlaubt, etwas zum Essen oder Trinken mitzubringen, da darin Drogen versteckt sein könnten. Aber es gab in dem Besucherraum einen Automaten mit Getränken und Snacks. Sie hatte ihm eine Cola gekauft, obwohl er die noch nie gemocht hatte. »Na, mein Junge, wie geht es dir?«

Die übliche Frage, und wie üblich hatte Karl das sichere Gefühl, dass sie nicht im Geringsten daran interessiert war, wie es um ihm stand. Wenn es ihm schlecht ging, konnte sie das nicht ertragen, denn schlecht ging es ihr ja selbst, und sie wollte, dass er sie aufbaute, nicht umgekehrt. Wenn es ihm allerdings zu gut ging und er sich fröhlich oder ausgelassen zeigte, konnte sie das auch nicht ertragen. Dann wurde ihr Neid zu groß. So bemühte er sich in aller Regel, ausgeglichen zu wirken, nicht zu traurig und nicht zu fröhlich, und etwas Belangloses zu erzählen oder etwas, das sie ablenkte oder bestätigte. Heute aber war es anders. Heute hatte er ein Ziel, und das Ziel war, über die Mutter den Weg zum Vater zu finden.

»Nicht gut. Gar nicht gut.« Er bemühte sich, hoffnungslos zu blicken, mit leeren Augen, auch wenn er Zweifel hatte, ob seine Mutter es wahrnehmen konnte. Aber er wusste, dass sie das, was er nun zu sagen hätte, wahr- und ernst nehmen würde. Nicht unbedingt, dass er sagte: »Ich werde mich umbringen, wenn Papa mich nicht endlich besucht.« Aber das, was er danach anführte, das würde sie in jedem Fall bewegen.

»Ich habe auch schon einen Abschiedsbrief geschrieben. Ich will nicht, dass alle Welt denkt, ich hätte nicht alles versucht. Da steht drin, dass ich ihn x-mal angeschrieben und auch dich gebeten habe, auf ihn einzuwirken. Und dass das alles nichts gebracht hat und er noch nicht einmal auf meine Briefe antwortet.«

Der öffentliche Ruf war seinen Eltern heilig, das wusste Karl. Schlimm genug, dass ihr Ansehen beschädigt war, weil er im Gefängnis saß. Aber wenn seine Eltern nun auch noch schuld an seinem Selbstmord wären, dann wäre das für sie der Super-GAU. Seine Mutter reagierte wie erwartet. »Um Gottes willen! Tu das bloß nicht!« Sie war so überrascht, so geschockt von Karls Worten, dass sie spontan und ehrlich reagierte. Sie verlor die Kontrolle über sich, so dass sie nicht einmal mehr so tat, als sei sie um Karls Wohl besorgt. »Weißt du denn, was du uns schon für Ärger gemacht hast? Wie schlimm das für uns ist? Die ganze Straße weiß, dass du im Knast bist. Und alle Kollegen. Wir haben immer alles für dich getan, das weißt du ganz genau! Und ich habe zusätzlich zum Mutter-Sein noch gearbeitet, sonst hätten wir uns dich nie leisten können. Was meinst du denn, was ein Kind kostet? Wir hatten ja überlegt, ob wir das Kind nicht lieber abtreiben sollten, aber das war rechtlich so schwierig zu der Zeit …« Sie redete sich immer weiter in Rage, und Karl war im Grunde dankbar, dass sie das alles aussprach.

Ungeliebt und lästig gefühlt hatte er sich schon immer, nun wusste er, und das war erschütternd und erleichternd zugleich, dass es nicht seiner Einbildung entsprang, sondern tatsächlich der Realität entsprach. »Und jetzt sollen wir auch noch schuld sein, wenn du dich umbringst? Ich habe mein Leben lang gearbeitet, und meine Eltern haben mich nie unterstützt. Ganz im Gegenteil, sie wollten mich immer so klein halten wie möglich. Wenn, dann hätte ich ein Recht, mich über meine Eltern zu beschweren, aber du hast keines, uns anzuklagen!« Karl blieb bei der Strategie, die er sich vorgenommen hatte. »Das kann ja alles sein. Aber die Therapeutin hier hat auch gesagt, dass ich unbedingt einen Kontakt zu Papa brauche, sonst hat das alles keinen Sinn mehr. Es tut mir leid, dass das alles für euch eine Belastung ist, aber für mich gibt es keinen anderen Ausweg mehr, wenn ich nicht mit Papa reden kann.«

Die Mutter schien sich langsam wieder zu fangen und für das zu schämen, was aus ihr herausgebrochen war. »Das sehe ich ja ein. Als Kind braucht man natürlich seinen Vater. Gerade als Junge.« Sie schien, während sie sprach, schon zu überlegen, wie sie ihren Mann dazu bewegen konnte, ihren Sohn im Gefängnis zu besuchen. »Ich rede mit ihm, und ich bin sicher, er wird dich besuchen. Spätestens in der nächsten Woche. Versprichst du mir dafür, dir nichts anzutun?«

Karl nickte und fühlte sich wie nach einem stundenlangen Kampf auf Leben und Tod. Ausgelaugt, aber als Sieger.

IX.

Als Karl nach dem Besuch zurück auf den Haftraum kam und erzählte, wie das Gespräch gelaufen war, wurde er von seinen Mitgefangenen gefeiert wie ein Held. »Genauso mache ich es auch immer bei meiner Mutter«, sagte der, den sie den Chemiker nannten, weil er versucht hatte, seine Freundin mit einem selbst hergestellten Getränk zu vergiften. »Das klappt immer. Da kriege ich, was ich will, und sonst tut die eh nichts für mich.« Seiner Therapeutin erzählte Karl, dass er vernünftig mit seiner Mutter gesprochen und sie ihm zugesagt habe, dass sein Vater bald zu Besuch käme. Auch seine Therapeutin freute sich und war sehr zufrieden. Und tatsächlich, zwei Tage später kam ein kurzer Brief seines Vaters, in dem er seinen Besuch für die folgende Woche ankündigte.

X.

Karls Anspannung nahm mit jeder Stunde zu, die der Besuch des Vaters näherrückte. Er wusste gar nicht genau, was er von seinem Vater und dem Gespräch mit ihm erwartete. Aber es war viel, eigentlich alles. Eine Lösung seiner Probleme. Die Erlösung. Seine Therapeutin versuchte, ihn auf das Treffen vorzubereiten. Vor allem aber sprach er mit seinen Zellengenossen. Die meisten Mitgefangenen waren von ihren Vätern entweder früh verlassen oder über viele Jahre brutal behandelt und verprügelt worden. Aber bei weitem nicht alle zeigten offene Wut auf ihren Erzeuger. Viele äußerten Verständnis für ihren Vater und die schwierige Lage, in der er sich befunden habe. Oder der Alkohol sei schuld, ohne den er sicher ein liebevoller Vater gewesen wäre. Ein Gefangener hatte einmal einen Mitgefangenen krankenhausreif geschlagen, der ihm vorhielt, dass dessen Vater ihn ja in ein Heim abgeschoben hätte.

Vor Gericht sagte er dann aus, sein Vater könne überhaupt nichts dafür, dass er im Heim gelandet sei, und jeder, der seinen Vater beleidige, müsse dafür büßen. Bemerkenswerterweise hatten Karls Mitgefangene, die ihren eigenen Vätern keine Vorwürfe machen wollten, keine Hemmungen, die Väter der jeweils anderen für deren Schicksal ganz wesentlich verantwortlich zu machen. So redeten sie auch auf Karl ein, was sein Vater doch für ein Schwächling sei, der nur unter dem Pantoffel seiner Frau stehe. Und er, Karl, sei für den Vater doch immer nur Mittel zum Zweck gewesen. Karl solle ihm eine ordentliche Abreibung verpassen. Einer seiner Kumpels, den sie in Anlehnung an einen berüchtigten Killer der italienischen Cosa Nostra den »Traktor« nannten, riet ihm, seinen Vater zusammenzuschlagen. Nur so könne er dessen Respekt gewinnen. Er habe es nicht besser verdient, wenn er nicht einmal auf seine Briefe antworte. Der »Traktor« selbst sah seinen Vater öfter; er war ebenfalls inhaftiert, wegen Mordes, saß zwar in einer anderen Anstalt ein, konnte sich aber einmal monatlich für ein paar Tage in die Anstalt seines Sohnes verlegen lassen, um ihn zu besuchen und Zeit mit ihm zu verbringen. Nicht inhaftierten Vätern war das nicht möglich, soweit sie ihre Söhne überhaupt besuchen wollten. Der »Traktor« bewunderte seinen Vater abgöttisch, er war sein großes Vorbild, und schon als kleines Kind hatte er ihn fast nur im Gefängnis sehen können. Die Therapeutin hingegen riet Karl, er müsse sich seiner Aggressionen gegenüber dem Vater bewusst werden, aber dann innerlich Frieden mit ihm schließen. Freundschaft. Den Vater vom hohen Ross der Erwartungen herunterholen, aber ihn nicht auf den Boden und in den Dreck werfen, sondern auf Augenhöhe mit ihm kommunizieren.

XI.

Es war so weit. Heute sollte der Vater zu Besuch kommen. Karl hatte die ganze Nacht nicht geschlafen und saß schon stundenlang an dem kleinen, leeren Tisch in seinem Haftraum, bis ihn endlich ein Beamter abholte. Der Besucherraum war gestaltet wie eine kleine Cafeteria, es sollte so etwas wie eine gemütliche Atmosphäre hergestellt werden, soweit das eben mit vergitterten Fenstern und uniformierten Wächtern möglich ist. Einige Tische im Raum waren bereits besetzt, die Männer unterhielten sich mal flüsternd, mal laut mit ihren Besuchern. Auf einer Art Kanzel saß ein uniformierter Beamter, der das Geschehen im Blick hatte. Ein weiterer Beamter stand an der Tür und wanderte ab und zu von Tisch zu Tisch, um nach dem Rechten zu sehen. Karl setzte sich an einen leeren Tisch und schaute zur Tür. Da öffnete sie sich, und er war da. Der Vater. Karl registrierte sofort, dass er viel kleiner war als in seiner Erinnerung. Nicht mächtig, sondern schwach. Menschlich. Enttäuschend menschlich. Als sein Vater, der sich offenkundig äußerst unwohl fühlte, langsam auf seinen Tisch zukam, gingen Karl die Stimmen seiner Therapeutin und seiner Mitgefangenen durch den Kopf. Er hatte kaum noch Zweifel, welcher Stimme er folgen wollte. Er stellte sich vor, wie es sein würde, nach dem Gespräch wieder in den Haftraum zurückzukommen. Vor seinen Mitgefangenen musste er gut dastehen, die sollten Respekt vor ihm haben! Die Therapeutin tat doch nur ihren Job. Sie sprach ja nicht mit ihm, weil sie ihn mochte oder ihm helfen wollte. Nein, sie tat das, weil sie Geld verdienen musste. Das Wichtigste war für sie, alle Gespräche in der Akte zu vermerken, und zwar so zu vermerken, dass sie selbst gut dastand. Ganz anders war das mit seinen Zellengenossen. Das waren seine Kumpels, seine Freunde, Genossen des Schicksals, sie alle trugen das gleiche Leid. Zum ersten Mal in seinem Leben hatte er Gleichgesinnte gefunden. Und Respekt und Anerkennung. Was hatte er davon, wenn seine Therapeutin zufrieden mit ihm war? Einen positiven Eintrag in seiner Akte, aber was machte das schon für einen Unterschied? Und sein Vater, jetzt, da er ihn leibhaftig vor sich sah, dieser Waschlappen, der kam doch bloß aus Angst vor seiner Frau. Das wurde Karl klar, noch bevor er ein Wort mit ihm wechselte, der wie ein Schuljunge, den seine Mutter gezwungen hat, sich bei einem Mitschüler zu entschuldigen, auf Karl zuging. Karl stand auf, beide sagten leise »Hallo« und gaben sich die Hand. Der Vater sah sich nach allen Seiten um, als ob er sich beobachtet fühlte, bevor sie sich setzten. Karl empfand Mitleid für seinen Vater, und das machte ihn wütend. Er müsste alles, was an enttäuschten Erwartungen, an eigenen Verletzungen über das Nicht-gesehen-Werden, das Nicht-gehört-Werden, für sich behalten, den Ärger, die Wut unterdrücken und damit gegen sich selbst richten, wenn er den Vater nicht verletzen und verlieren wollte. Nein, es war genug. Seine Mitgefangenen hatten recht. Er saß doch jetzt im Gefängnis, er hätte Hilfe und Unterstützung gebraucht. Der Vater hatte ihm nicht auf seine Briefe geantwortet und kam doch auch jetzt nur pro forma. Um sagen zu können, er sei da gewesen. Und ihm, Karl, würde es danach schlechter gehen als vorher. Es sei denn, er ließe seine Wut raus. Eigentlich brauchte er den Vater nicht mehr, das spürte er, als er ihn sah. Er hatte jetzt seine Freunde, und die waren wichtiger. Mit ihnen würde er die Zeit verbringen, auf engstem Raum. Nein, er wollte gar nicht mehr hören, was sein Vater zu sagen hatte. Es wären ohnehin nur Vorwürfe und Gejammer gewesen. Diese Pfeife. Sein vorwurfsvoll-leidender Gesichtsausdruck sprach Bände.

XII.

Als sein Vater ihn ansah, ihm mühsam in die Augen sah, und zu sprechen anfangen wollte, schrie Karl: »Du Arschloch! Du jämmerliches Arschloch! Warum hast du nicht auf meine Briefe geantwortet? Hundertmal habe ich dir geschrieben. Und jetzt kommst du doch auch bloß aus Angst vor deiner Frau.« Karl war aufgesprungen und schlug seinen Vater, der geschockt und ängstlich in sich zusammensackte, mit der

Faust ins Gesicht. Der Beamte, der an der Tür stand, rannte auf Karl zu, nahm ihn in einen Sicherheitsgriff und betätigte den Alarmknopf an seinem Funkgerät. »Sind Sie verrückt geworden? Ruhe! Bleiben Sie ruhig und setzen Sie sich hin. Sofort!« Die anderen Inhaftierten und ihre Besucher hatten ihre Gespräche unterbrochen und starrten gebannt auf Karl. Der merkte, wie gut ihm das tat. Und er merkte, wie sein Vater, der seine Hände schützend vor sein Gesicht hielt, vor ihm zitterte, obwohl der Beamte ihn so im Griff hatte, dass er ihn nicht nochmals angreifen konnte. Das fühlte sich noch besser an als die Aufmerksamkeit der Umgebung. Wenn der Vater ihn schon nicht liebte, anerkannte und respektierte, fürchten sollte er ihn wenigstens. Warm fühlte es sich an. Er spürte sich selbst, wenn er ihm Angst machte. Hass auf den Vater zu empfinden, ihn herauszulassen, auszuleben, war viel besser, als nichts zu empfinden. Als nicht zu leben. Und allen anderen, die ihn nicht respektierten, sollte es genauso gehen. Sie sollten seinen Hass spüren. Er ahnte nun, was sein Platz im Leben sein konnte. Die große Herde der Menschen sollte zumindest in ihrer Angst und ihrer Wut doch irgendwie auf ihn bezogen sein, so war er nicht einsam, und er war in dieser Rolle Teil von ihr. Eine Rolle, die er sich nicht selbst gewählt hatte. Sie wurde ihm zugewiesen, und dann sollte es eben so sein.

XIII.

Karl wurde wegen der Körperverletzung zu einer weiteren Haftstrafe von 8 Monaten verurteilt. Als erschwerender Umstand wurde dabei vom Gericht die Tatsache angesehen, dass er diese Straftat während der Haft und an seinem eigenen

Vater begangen hatte. In der Haft war er nun für die Anstalt ein Sicherheitsrisiko. Das heißt, er durfte bis auf weiteres nicht an Ausbildungsmaßnahmen und Gruppenangeboten wie etwa dem Theaterkurs für Gefangene teilnehmen. Auch seinen täglichen Aufenthalt im Freien musste er nun alleine absolvieren. Die Gefahr, dass er Mitgefangene oder gar Bedienstete angreifen könnte, sei zu groß. Karl machte das nichts aus. Im Gegenteil. Er war stolz und fühlte sich stark. In der Achtung seiner Mitgefangenen stand er nun noch weiter oben, und zum ersten Mal in seinem Leben begriff er tatsächlich, was das bedeutete und worum es hier ging: Macht.

DAS OPFER

I.

Sie sah auf die Straße hinaus und konnte nicht weinen. Sie empfand nur noch Leere in sich und um sie herum. Eine schmerzhafte, qualvolle Leere. Jeder hatte sich von ihr genommen, was er brauchte. Alles, was ihr noch blieb, war ihr Leben. Doch das war kein Geschenk, sondern eine Last. Hätte man ihr doch lieber das Leben genommen! Dann müsste sie nicht diesen Schmerz und diese Erinnerungen ertragen. Sie konnte gar nicht mehr sagen, was das Schlimmste war. Die Vergewaltigung? Die Befragung danach? Die Gerichtsverhandlung? Oder dass sie jetzt in der Bild-Zeitung lesen musste: »Sexopfer ist psychisches Wrack«?

II.

Wie jeden Sonntag war sie morgens um halb vier aufgestanden, um ihren winzigen Krämerladen unten im gleichen Haus für die Öffnung um 6 Uhr vorzubereiten. Sie nahm Backwaren und Zeitschriften vom Lieferanten in Empfang, sortierte sie ein und sah noch einmal nach ihrem Sortiment aus Milch, Instantkaffee, Marmelade und Zigaretten. Das kauften die Leute bei ihr ein, die am Samstag vergessen hatten, sich um ihr Frühstück am Sonntag zu kümmern. Viel verdienen konnte sie dabei nicht. An manchen Sonntagen waren es 50 Euro, meist noch weniger. Aber sie brauchte diese 50 Euro zum Überleben. Den Laden hatte sie von ihrem Vater geerbt, so dass sie dafür wenigstens keine Miete zahlen musste. Am Montag hatte sie geschlossen, und an den übrigen Tagen verdiente sie nicht viel mehr als am Sonntag. Sie musste ihre Waren teurer als die Supermärkte verkaufen und hatte kein großes Angebot, so dass eigentlich nur noch Menschen aus Mitleid oder nostalgischen Gründen bei ihr einkauften. Seit einiger Zeit bot sie keinen Alkohol mehr an. Einige Trinker hatten sich den ganzen Tag vor ihrem Laden aufgehalten. Sie waren nicht loszuwerden und machten kaum Umsatz, vertrieben aber alle anderen Kunden. Seit die Trinker weg waren, lief es wieder etwas entspannter für sie. Meist sogar trist und langweilig, wenn stundenlang kaum ein Kunde erschien. An diesem Sonntag hatte sie wie stets bis mittags geöffnet. Bis jetzt, um etwa 10 Uhr, waren nur eine Handvoll Kunden erschienen und hatten für wenige Euro Brötchen und eine Tageszeitung gekauft. Wie jeden Sonntag.

III.

Einer der Trinker, Bernd, kam trotzdem nach wie vor zu ihr, obwohl sie kein Bier und keinen Schnaps mehr anbot. Er kaufte eine Zeitung oder ein paar Kleinigkeiten zum Essen und blieb dann oft für Stunden in ihrem Laden, bis ihn endlich die Sucht nach Alkohol hinaustrieb. Auf der einen Seite war sie oft von Bernd genervt und bekam manchmal sogar Angst bei seinen ungelenken Annäherungsversuchen, auf der anderen Seite war sie auch froh, zumindest etwas Ansprache und sozialen Kontakt zu haben. Bernd roch etwas streng, war aber einigermaßen anständig gekleidet und freundlich zu den wenigen anderen Kunden. Er erzählte gerne davon, dass er schon einmal einige Monate wegen kleinerer Diebstähle im Knast gesessen hatte. Wie andere von ihrer Bundeswehrzeit erzählen. Aber sie hielt ihn für harmlos. Und so wenig sie sich eine Beziehung mit ihm vorstellen konnte, allein der Gedanke daran ekelte sie, so sehr hätte ihr doch etwas gefehlt, wenn er ihr nicht mehr nachgestiegen wäre.

Seit etwa sechs Monaten ging das nun so. Auch an diesem Sonntag kam Bernd gegen 10 Uhr in den Laden. Wie stets roch er nach Alkohol, Rauch und Schweiß, und wie stets gab er sich Mühe, nicht betrunken und möglichst seriös zu wirken. Er hatte sich rasiert und seine seit vielen Tagen ungewaschenen Haare gekämmt. Sein Holzfällerhemd war zu eng für seinen Bierbauch geworden, er konnte es nur noch hinten in die Hose stecken. Vorne baumelte es mit einigem Abstand über dem Gürtel wie das Vordach eines Campingwagens. Er kaufte eine Sonntagszeitung und begann wie üblich das Gespräch, als seien sie Kollegen beim Beginn der gemeinsamen Schicht.

Gegen 11 Uhr kam ein anderer Kunde. Er war noch nie in ihrem Laden gewesen. Sie sah den Mann überhaupt zum ersten Mal. Er wirkte älter als sie, deutlich älter. Sie war Mitte dreißig, er vielleicht Mitte fünfzig. Ein Arzt womöglich. Oder Rechtsanwalt. Gut gekleidet jedenfalls, mit akkurat gestutztem Bart, weiß blitzenden Zähnen, einer randlosen Brille und graumeliertem Haar. Er kaufte ein paar Kleinigkeiten und kam sofort mir ihr ins Gespräch. Er sei neu in der Gegend und würde gerne wissen, welches Restaurant sie empfehlen könne, welche Sehenswürdigkeit er unbedingt besichtigen müsse und ob es ein schönes Theater gebe. Sie fühlte sich sehr geschmeichelt und richtete ihre ganze Aufmerksamkeit auf den neuen Kunden. Bernd, der am Anfang noch versuchte, den ein oder anderen Satz einzuwerfen, fühlte sich zurückgewiesen und gekränkt. Er brauchte unbedingt etwas zu trinken und verließ den Laden.

IV.

Als sie im Krankenhaus von der Polizistin und einer Polizeipsychologin befragt wurde, war sie sich nicht einmal sicher, ob sie vorher bewusstlos geworden war. Alles war verschwommen, wie ein Traum, ein furchtbarer Alptraum, und trotzdem gleichzeitig so schmerzhaft real. Sie war vergewaltigt worden. Vergewaltigt! Das Wort, mit dem wohl in unserer Gesellschaft die größte Demütigung eines Menschen ausgedrückt wird. Und als die Psychologin sie fragte, ob sie vergewaltigt worden sei, hasste sie die Frau dafür. Sie hasste das Wort. Was passiert war, war passiert. Seine Bedeutung erlangte es erst jetzt, im Nachhinein. Durch die Worte, in die es gefasst wurde. Sie hasste das Wort Vergewaltigung ebenso, wie sie später das Wort Opfer hassen würde. Wie aber sollte sie das Geschehene in Worte fassen, sich selbst und anderen gegenüber? Wie die Wut, die Angst, die Scham, die Verzweiflung ausdrücken? In irgendwelche Worte musste man es kleiden, doch sie wusste nicht, in welche. Wie auch. Das, was ihr gerade passiert war, hatte sie sich nie vorstellen können. So musste sie die Worte nehmen, die die anderen verwendeten. Ihr aufdrängten. Wie die Polizeipsychologin. Eigentlich wollte sie noch gar nicht darüber sprechen, aber es half nichts.

Als sie also gefragt wurde, ob sie vergewaltigt worden sei, sagte sie ja, denn sie wollte sich nicht auch noch zum Lügen zwingen lassen. Ja, sie war vergewaltigt worden. Mehrfach. Die Schmerzen spürte sie erst jetzt. Langsam und zunehmend, trotz der Schmerzmittel. Als sie, am Ufer der Donau liegend, von zwei Polizisten zum ersten Mal befragt worden war, war sie noch viel zu erschöpft und schockiert, um den Schmerz zu spüren. Im Krankenwagen kamen dann langsam alle Schmerzen und das Bewusstsein über das, was passiert war. Ein Fußgänger hatte sie entdeckt, als sie wie in Trance aus dem Gebüsch in der Nähe des Ufers zum Fußweg kroch. Diesen Fußgänger sah sie noch genau vor sich. Ein älterer, freundlicher Herr mit Hut und Stock, der sie an ihren Großvater erinnerte. Der ältere Herr besaß kein Handy, hielt aber einen jugendlichen Fahrradfahrer an, der sofort die Polizei und einen Krankenwagen alarmierte. Sie konnte nur noch kriechen, denn ihr Peiniger hatte sie auch gewürgt. Minutenlang gewürgt, um sie am Schreien zu hindern. Erst als er alles das von ihr bekommen hatte, was er wollte, ließ er von ihr ab. »Du erzählst besser niemandem davon, du kleine Schlampe!«, drohte er ihr, bevor er seine Hose wieder anzog und seelenruhig zum Fußweg spazierte, als hätte er kurz im Gebüsch uriniert.

V.

Alles hatte so schön begonnen. Sie war mit dem Kunden aus ihrem Laden einen Kaffee trinken gegangen, in der Fußgängerzone des kleinen Ortes, in der alles Leben, das an einem solchen Sonntag überhaupt zu sehen war, stattfand. Es war ein wunderschöner Tag im Frühling. Er hatte sie eingeladen, ihr einen großen Eisbecher spendiert. Er redete über Kunst und Literatur. Sie verstand nichts davon, fühlte sich aber geehrt, dass er mit ihr darüber sprach. Es kam ihr vor, als wäre ein Stück große weite Welt in ihr kleines Dasein gekommen. Er war jedenfalls ein Mann von Welt, ohne jeden Zweifel. Er sei Zahnarzt mit mehreren Praxen und suche in der Gegend eine passende Lokalität für eine weitere Praxis. Ihm gehe es dabei nicht ums Geld, davon habe er genug, aber er mache sich Sorgen um die medizinische Unterversorgung der Bevölkerung abseits der großen Städte. Das fand sie bewundernswert. Er strahlte so eine väterliche Fürsorge aus. Und als er sie fragte, ob sie noch Lust hätte, ihn zu einem kurzen Spaziergang an der Donau zu begleiten, während er seine Nachmittagszigarre rauche, willigte sie begeistert ein.

Ihren eigenen Vater hatte sie kaum kennengelernt. Er verließ ihre Mutter, als sie zwei Jahre alt war, und kümmerte sich danach nicht mehr um sie. Zu Weihnachten und ihrem Geburtstag rief er an, und einmal im Jahr kam er zu Besuch. Als sie zehn war, beging er Selbstmord. Er erhängte sich in dem Laden, der nun ihr ein und alles war. Obwohl sie nicht wusste, wie es ist, einen richtigen Vater zu haben, sehnte sie sich zeit ihres Lebens danach. Ihre Mutter hatte häufig wechselnde Liebschaften, lebte von Sozialhilfe und ließ sich immer wieder von Männern aushalten. Bei keinem blieb sie so lange, dass er ihr Ersatzvater hätte werden können. So suchte sie fortan in allen Männern den Vater, und nun schien es ihr, als säße er ihr gegenüber. Endlich!

VI.

Als sie unten am Fluss waren, hörte er plötzlich auf zu reden. Er sah sich immer wieder nach allen Seiten um, dann wurde sein Blick starr, als wäre alles vorher nur eine Maske gewesen. Oder war das jetzt eine Maske? Jedenfalls zeigte er plötzlich sein anderes Gesicht. Von einer Sekunde auf die nächste. Er zerrte sie in ein Gebüsch, und es passierte, was passierte. Die Zigarre behielt er dabei im Mund.

VII.

»Können Sie den Mann irgendwie beschreiben?«, fragte die Polizeipsychologin, und so empathisch das auch klingen sollte, spätestens mit dieser Frage war klar, dass es nun um die Interessen der Polizei, nicht um ihre gehen sollte. Sie versuchte, ihn zu beschreiben, aber allein der Gedanke an den Mann ließ wieder Panik in ihr aufkommen. Da kam ihr ein rettender Einfall: Bernd! An ihn konnte sie denken, und nannte ihn den Polizistinnen. Bernd. Er hatte den Täter auch gesehen, ihn reden hören und würde ihn sicher besser beschreiben, als sie selbst es könnte! Und tatsächlich. Bernd beschrieb der Polizei den Mann. Und besser noch, er konnte sein Autokennzeichen nennen, denn er hatte sich in der Nähe aufgehalten, als sie mit dem Mann den Laden verließ, und heimlich beobachtet, wie sie zuerst zu seinem Auto gingen und dann weiter zum Fluss. Warum er sich das Autokennzeichen gemerkt hatte? Ihm sei der Mann gleich verdächtig vorgekommen.

Später dann, in der Hauptverhandlung vor Gericht, stellte sich heraus, dass der Täter tatsächlich Zahnarzt war. Die

Suche nach einem Ort für eine Zweigniederlassung hatte er natürlich erfunden. Er war vierfacher Familienvater, im Kirchenvorstand und nicht vorbestraft.

Im Laufe des Verfahrens, das einige öffentliche Aufmerksamkeit verursachte, meldeten sich weitere seiner Opfer, vor allem Patientinnen. Sie hatten bis dahin aus Scham oder Angst geschwiegen oder weil sie dachten, es würde ihnen ohnehin niemand glauben, da er so eine angesehene Persönlichkeit darstellte. Einige hatte er auch bedroht: Eine Spritze würde genügen, sie für immer zum Schweigen zu bringen. Sie wollte schweigen, durfte es aber nicht. Dabei war es ihr sehnlichster Wunsch. Nichts als schweigen. Aber sie musste reden. Aussagen. Noch einmal, jedes Detail, jedes intime, schmerzhafte, peinliche Detail. Denn er sagte aus, der Geschlechtsverkehr hätte einvernehmlich stattgefunden. Offenbar war er sich so sicher gewesen, dass sie nichts sagen würde, nicht zur Polizei gehen würde, dass er keinerlei Vorsichtsmaßnahmen ergriffen hatte, um seine Identität zu verschleiern. Wie oft wohl hatte das schon funktioniert, dass er sich so in Sicherheit wiegte? Sie war, mit ihren über dreißig Jahren, noch Jungfrau gewesen. Dies hier vor Gericht, bei Ausschluss der Öffentlichkeit, aber vor allen Richtern, Anwälten – und dem Täter! – zum ersten Mal anderen zu offenbaren, tat ihr so weh wie die Tatsache, dass ihr erstes Mal eine Vergewaltigung war.

VIII.

Der Zahnarzt wurde zu einer insgesamt über zehnjährigen Haftstrafe verurteilt. Aufgrund der Aussagen weiterer seiner Opfer wurde er in verschiedenen Verfahren wegen vier Fällen von Vergewaltigung verurteilt und dann nachträglich eine Gesamtstrafe gebildet. Für ihren Fall hielt das Gericht eine Strafe von fünf Jahren und sechs Monaten für schuldangemessen. Die durchschnittlichen Haftkosten von 100 bis 150 Euro pro Tag werden bei einer intensiven Gefährlichkeitstherapie, wie sie bei dem Zahnarzt zur Anwendung kam, schnell zu 500 Euro und mehr. Pro Tag. Allein durch die Haftstrafe wurden so über eine Million Euro für den Täter ausgegeben. Die Opfer schwerer Gewalttaten bekommen vom Staat neben dem Ersatz der notwendigen Behandlungskosten eine Opferrente von wenigen hundert Euro monatlich, wenn eine dauerhafte Beeinträchtigung von wirtschaftlicher Tätigkeit vorliegt. Ein Schmerzensgeld wird nicht gezahlt.

IX.

Es war Herbst, und es wurde schon jetzt, am Nachmittag, langsam dunkel. Sie sah wieder auf die Straße hinaus, die da lag wie immer, verlassen und leer, und zündete sich eine Zigarette an. Morgen würde sie wieder in ihren Laden gehen. Sie war krankgeschrieben, aber sie hatte Angst vor der Einsamkeit und Leere ihrer Wohnung. Vielleicht würde Bernd wieder vorbeikommen. Irgendwie freute sie sich auf ihn.

DER TERRORIST

I.

Es dauerte einige Sekunden, bis ihm bewusst wurde, was ihn daran hinderte, den Knopf zu drücken. Und damit ihn, und mit ihm Dutzende anderer, in den Tod zu reißen. Sein Bruder. Der kleine Junge, der einige Meter entfernt von ihm am Arm seiner Mutter in Richtung des Eingangs ging, erinnerte ihn an seinen Bruder. Fast zehn Jahre war es her, dass er ihn zum letzten Mal gesehen hatte. Und damals sah er aus wie dieser kleine Junge. Von Weitem und von hinten. Er zögerte einen Moment zu lange, um den Gedanken an seinen Bruder beiseite drängen zu können und das zu tun, was seine heilige Pflicht war. Das konnte er nun nicht mehr. Nicht sofort. Den kleinen Jungen konnte er nicht mitnehmen. So wie damals, als er ihn nicht mitnehmen konnte. Nicht mitnehmen durfte, obwohl er so an ihm hing. Damals, als er, kaum fünfzehn Jahre alt, sein Zuhause, seine Heimat, die ihm bekannte Welt verlassen musste, weil sie zur Hölle auf Erden geworden war. Seit vielen Jahren herrschte dort ein blutiger Bürgerkrieg, dem sein Vater und seine zwei älteren Brüder längst zum Opfer gefallen waren. Sein Onkel hatte seine Mutter geheiratet und sich um ihn gekümmert. Kurze Zeit nach der Heirat bekam seine Mutter noch ein Kind. Noch einen Jungen, der auch für ihn sein ein und alles wurde. Für diesen Jungen, seinen Stiefbruder, wollte er leben. Leben, kämpfen und sterben, wenn es sein musste. Aber er konnte ihn nicht wirklich beschützen vor den Kugeln der Feinde, den Bomben der westlichen Mächte, der fehlenden ärztlichen Versorgung, vor Hunger und Kälte. Und als auch sein Onkel erschossen wurde, sahen er und seine Mutter keinen anderen Ausweg mehr. Er musste irgendwie versuchen, in den Westen, am besten nach Deutschland zu kommen, um sich dort eine Existenz aufzubauen. Seine Mutter hatte schweres Asthma und konnte kaum noch längere Strecken zu Fuß zurücklegen, es war völlig undenkbar, dass sie mit ihm ging. Und sein kleiner Bruder war noch viel zu klein. Ihn wollte er in einigen Jahren nachholen, wenn er in Deutschland Fuß gefasst hätte. Dort könnte er dann zur Schule gehen, eine Ausbildung machen, Geld verdienen, heiraten. Für ihn, für seinen Bruder, musste er es tun. Sich von ihm trennen, und sich auf die lange und gefährliche Reise in den Westen zu begeben. Eine Reise ins Ungewisse. Er machte sich auf den Weg. Und nichts geschah wie geplant.

II.

Als er nach einigen Monaten in Deutschland ankam, musste dies jenes Paradies sein, das es nach den Bildern im Internet und den Schilderungen seiner Mutter und aller Menschen seiner Umgebung in seinen Vorstellungen geworden war. Denn die Reise war noch schlimmer gewesen als das Leben in seiner Heimat, und wenn es einen Sinn in diesem Unaussprechlichen gab, dann konnte es doch nur der sein, danach ins Paradies zu kommen. Nichts im Leben kommt ohne sein Gegenstück aus, und so musste es auch einen Ort geben, der das Leid, das bis dahin sein Leben bestimmte, aufwiegen konnte. Deutschland. Am Anfang war es das auch. Das Paradies. Er kam in eine Einrichtung für unbegleitete Minderjährige. Der Ort, in dem diese Einrichtung lag, gehörte zu den in Deutschland längst abgehängten und abgeschriebenen Gegenden, aber das wusste er nicht. Es gab genug zu essen und zu trinken, ein warmes Bett, und vor allem: keine Bomben. Nicht mehr diese Angst, jeden Tag, jede Nacht, jede Stunde. Ganz verschwand sie allerdings nie, die Angst.

Er lernte langsam Deutsch und durfte zum ersten Mal seit Jahren wieder eine Schule besuchen. Er schloss Freundschaften mit Gleichaltrigen, die in seiner alten Heimat Todfeinde gewesen wären. Sein Taschengeld gab er nicht wie die anderen für Alkohol und Zigaretten aus, sondern sparte fast alles, um irgendwann seinen Bruder nachzuholen. Ab und zu konnte er mit seiner Mutter telefonieren, doch oft funktionierte deren Telefonnetz nicht, und die Ungewissheit quälte ihn, ob sie und sein Bruder noch lebten. Und wenn er sie sprach, dann ging es ihr jedes Mal schlechter. Nur selten konnte er ein paar Worte mit seinem Bruder sprechen, manchmal hörte er ihn im Hintergrund schreien und konnte doch nichts machen. Vom Bruder blieb ihm bald nur noch ein Bild. Ein Bild, das unabhängig von jeder Realität existierte.

Aber es gab Menschen, die sich um ihn in Deutschland kümmerten. Freundliche Menschen. Menschen, die ihm nicht das Gefühl gaben, auf dieser Welt unerwünscht zu sein. Ein Gefühl, das sich dennoch, spätestens mit den Erfahrungen seiner Flucht, unauslöschlich in ihm eingebrannt hatte. Er konnte es im Kontakt mit diesen Menschen zumindest für eine Weile verdrängen. Der Brand war unter Kontrolle und breitete sich nicht weiter aus. Erst einmal.

III.

Der kleine Junge und seine Mutter durften nicht sterben. Er musste warten, bis sie aus der Gefahrenzone waren. Wie groß diese Gefahrenzone genau war, wusste er nicht. Jetzt waren sie jedenfalls noch zu nah. Die Splitter des Sprenggürtels, den er um seinen Bauch gebunden hatte, genau so, wie es ihm sein Kontaktmann am Handy erklärt hatte, würden den Jungen, der sein Bruder sein könnte, zerfetzen. Quälend langsam bewegten sich Mutter und Kind vorwärts, immer wieder blieb der Junge stehen, sah sich um, zeigte auf etwas oder sagte etwas zu seiner Mutter. Wann würden sie endlich den Eingang des Volksfestes erreicht haben, außer Sichtweite und damit außer Gefahr sein? Je länger das dauerte, desto schwieriger würde es für ihn werden, den Sprengstoff tatsächlich zu zünden. Hunderte Male war er es in Gedanken und im Gebet durchgegangen. Alleine und mit seinem Mentor am Telefon. Er hatte sich einen minutiösen Ablaufplan erarbeitet, bei dem alles automatisch passieren musste. Ohne darüber nachzudenken. Das Gebet in Gedanken, die letzten Worte, und dann … Aber jetzt war ihm das Bild des Bruders dazwischengekommen und hatte alles zunichte gemacht. Vorerst zumindest. Er erblickte auch andere Kinder, aber das spielte keine Rolle. Es waren die Kinder von Ungläubigen, und es war eine gute, eine heilige Tat, sie zu töten. Nur nicht seinen Bruder. Der Junge passierte nun endlich zusammen mit seiner Mutter die beiden breitschultrigen Ordner am Eingang des Volksfestes. Jetzt. Jetzt oder nie. Er begann, noch einmal still die Zeilen vor sich hinzubeten, die ihn auf seine letzte Überfahrt vorbereiten sollten.

IV.

Er war inzwischen sechzehn Jahre alt und hatte zum ersten Mal eine Freundin, eine Schülerin, die sich ehrenamtlich für Flüchtlinge wie ihn engagierte. Leicht war diese Beziehung von Anfang an nicht. Sie durften sich nicht über Nacht in der Einrichtung aufhalten, und seine Freundin wollte ihn noch nicht ihren Eltern vorstellen. Dennoch schenkte sie ihm, den so lange niemand mehr in den Arm genommen hatte, ein fast vergessenes Gefühl von Wärme. Sie sprachen sogar schon darüber, zu heiraten. Irgendwann, in einigen Jahren. Es gab allerdings zunehmend Streit. Sie wollte sich ihm nicht so unterordnen, wie er es aus seinem Land kannte. Einmal schlug er ihr aus maßloser Wut mit der Hand ins Gesicht. Es tat ihm danach leid, aber es passierte wieder. Er flehte sie an, ihm zu verzeihen. Sie tat es, mehrmals, aber als Unbekannte eines Nachts an das Haus ihrer Eltern »Asylantenhure« gesprüht hatten, trennte sie sich endgültig von ihm.

Sehr lange litt er nicht darunter. Eigentlich kannte er keine andere Art von Beziehung als die abgebrochene, getrennte, zerstörte. Meist waren seine Beziehungen durch Bomben oder Tod getrennt worden, und er hatte gelernt, damit zu leben. Was ihn wütend machte, waren die Demonstrationen von Menschen vor seiner Einrichtung. Anders, als er es von seiner Heimat gewohnt war, griffen diese zwar nicht zu Waffen, aber sie zeigten offen ihren Hass, der nur durch die anwesenden Polizeikräfte in Bann gehalten werden konnte. Die Kämpfer, Krieger und Mörder in seiner Heimat, die verstand er, zumindest zum Teil. Es ging um Macht, Rache, knappe Ressourcen, Glauben. Aber die Demonstranten hier? Warum hassten sie ihn und die anderen Flüchtlinge so? Denen ging es doch gut, und er tat ihnen nichts. Etliche schienen von weither zu kommen, um hier zu demonstrieren. Machten die sich eine Vorstellung davon, was er und die anderen in ihrer Heimat erlebt hatten? Kannten sie Krieg, Hunger und echte Not? Oder braucht das jeder Mensch, in einer bestimmten Dosis, sonst geht es ihm zu gut, und da sie es nicht hatten, schon lange nicht mehr, wollten sie es zumindest ein bisschen bei ihm und den anderen ausleben? Völlig gefahrlos ausleben, denn es waren viel mehr Demonstranten als Flüchtlinge, und was hätten er und die anderen Untergebrachten gegen diese dumpf-wütende Meute schon ausrichten sollen? Das waren keine Kämpfer, die da demonstrierten, das waren armselige Schwächlinge. Seine Betreuer sagten ihm, dass nicht alle Deutschen so seien, und er glaubte das auch. Aber er konnte irgendwann gar nicht anders, als sie zu hassen. Und es gab nichts, das seine Energie und Aggressionen in eine andere Richtung hätte lenken können.

Keiner konnte ihm sagen, ob er auf Dauer in Deutschland bleiben könne. Die Gesetze änderten sich ständig, außerdem sei ja nicht klar, wie sich die Lage in seinem Heimatland entwickle. Er konnte keine Pläne für die Zukunft machen. Er lebte in den Tag hinein, fing an mit Alkohol und Drogen und hatte keine Lust mehr, etwas zu lernen. Wozu auch? Er könnte doch jeden Moment wieder zurück in seine zerbombte Heimat geschickt werden. Und Deutscher werden, das wollte er nicht. So, wie die Dinge lagen, hätte er ohnehin nur die Chance, ein Deutscher dritter Klasse zu werden. Immer weniger wert als die anderen und immer von deren Gunsten und Gnaden abhängig. Da blieb er lieber gleich ein Außenseiter, von vielen abgelehnt und unerwünscht. Und selbst, wenn er kein Außenseiter bliebe, war die Aussicht für ihn, dazu zu gehören, nicht mehr so verlockend, wie sie es von außen gewesen war. An was glaubten diese Menschen überhaupt? Für was kämpften sie, für was lebten sie, für was starben sie? Es war keine Leidenschaft zu spüren, keine Lust, keine echte Hingabe. In seiner Heimat gab es viel zu viel davon. Zu viel Kampf, zu viel Leid und Leidenschaft. Zu viel Blut. Aber hier? Die tieferen Gefühle wurden wegverwaltet, wegrationalisiert. Das Leben wirkte blutleer. Größer und wichtiger als der Mensch waren nicht Gott und das Jenseits, sondern der Reichtum auf Erden. Und die Männer? Waren in seinen Augen willfährige Schwächlinge, die ihre Frauen nicht unter Kontrolle hatten. So etwas wie eine Identität, einen Platz in der Welt, ein Bild von sich fand er auch im Austausch mit seinen Mit-Flüchtlingen nicht. Die meisten waren dankbar, dem Krieg ihrer Heimat entkommen zu sein, und wollten sich in Deutschland anpassen, so gut es eben ging. Ein Leben am Rand dieser Gesellschaft war für sie das geringere Übel. Für ihn nicht. Ihm war das nicht genug, er wollte seiner Existenz einen Sinn abringen, und dieser Sinn konnte nicht darin bestehen, sein Leben lang Handlangerjobs für andere zu machen oder wieder in eine Heimat von Krieg, Not und Elend abgeschoben zu werden. Und da die Wut und der Hass in ihm stärker wurden und kein äußerer Sinn für ihn greifbar war, mussten diese Gefühle ihm wohl den Weg weisen.

Als das nächste Mal Menschen vor seiner Einrichtung demonstrierten, warf er einem der Demonstranten eine volle Bierflasche an den Kopf. Dieser, ein Frührentner, musste mehrere Monate stationär behandelt werden. Und als die Polizei ihn festnehmen wollte, widersetzte er sich, und verletzte einen Beamten mit einer messerscharfen Glasscherbe im Gesicht. Da bei der Durchsuchung seines Zimmers auch noch Drogen gefunden wurden und ihm im Rahmen der Gerichtsverhandlung ein Handel damit nachgewiesen werden konnte, wurde er zu einer Freiheitsstrafe verurteilt.

V.

Die Anstalt, in der er inhaftiert wurde, brachte ihn in einem Haftraum zusammen mit Mitgefangenen aus seinem Kulturkreis unter, auch weil man Konflikte mit deutschen Häftlingen befürchtete. Er freundete sich schnell mit dem Zellengenossen an, der im Haftraum der unbestrittene Chef war. Der Mann, den sie den Lehrer nannten, hatte seine Freundin getötet, weil sie sich von ihm trennen wollte. Der Gefangene war schon etwas älter, und er gab ihm das, wonach er sich so lange gesehnt hatte: Halt, Richtung, Sinn und Identität. Er hatte sich nie vorher intensiv mit seiner Religion beschäftigt, aber dieser ältere Gefangene hatte, wie er sagte, ein langjähriges Koranstudium betrieben und predigte ihm täglich viele Stunden.

Endlich bekam alles das, was er erlebt hatte, einen Sinn! Er war auserwählt worden für diese gefährliche Reise ins Land der Ungläubigen. Eine Reise, für die er seine Mutter und seinen geliebten Bruder verlassen musste. Er war auserwählt worden, Ungläubige zu töten. Sie zu bestrafen für das, was sie seiner Heimat angetan hatten. Sie zu bestrafen, weil sie ihn eingesperrt hatten wie einen räudigen Hund. Sie zu bestrafen, weil sie seinen Glauben, den einzig wahren Glauben, schändeten. Sie zu töten, weil es dies war, was sein Gott von ihm verlangte. Endlich hatte er dank dieses Mitgefangenen Worte für das gefunden, was in seinem Inneren schon länger drängte und wütete und nicht zu ordnen und nicht zu bändigen war. Das also war der Sinn, und das war sein Sinn. Diese heilige Pflicht zu erfüllen. Ein Selbstmordattentat.

Deutschland war kein Paradies. Aber es war der Weg zum Paradies, denn wenn er Deutsche, Ungläubige, Feinde töten würde und sich dabei selbst zerfetzte, dann wäre er ein Märtyrer, und endlich dort. Im Paradies. Er wäre ewig jung, wunderschöne Jungfrauen würden sich ihm hingeben, und die Ströme von Wasser, Wein, Honig und Milch würden niemals versiegen. Das waren Aussichten, das war ein Ziel, für das es sich lohnte, sein Leben zu geben! Für was gaben denn die ihr Leben, die hier im Gefängnis arbeiteten? Für ein Reihenhaus, das sie am Ende von dem, was sie Leben nannten, vielleicht abbezahlt hatten? Und sein kleiner Bruder würde stolz auf ihn sein, und er würde dort auf ihn warten. Im Paradies. Nicht in einem Kaff in Deutschland, das nie seine Heimat werden würde. Er würde auf seinen Bruder warten als Held, und nicht als Flüchtling und Ex-Häftling, auf den alle Welt hinabschaute.

Die Anstalt beantragte seine schnellstmögliche Abschiebung in das Heimatland. Wegen des anhaltenden Bürgerkriegs war das allerdings noch nicht möglich. So verbüßte er seine Haftstrafe bis zum Ende und wusste danach, was er zu tun hatte.

VI.

Die Menschen, die er mit sich in den Tod reißen würde, waren unschuldig. Frauen, Männer, Kinder. Junge Menschen, die an diesem Wochenende auf dem Volksfest feiern wollten, um den alles lenkenden Schul- und Leistungsstress für ein paar Stunden zu vergessen. Mütter und Väter, die mit ihren Kindern die meist zu kurze gemeinsame Zeit mit Zuckerwatte, Ponyreiten und Schiffschaukeln verbringen wollten. Hart arbeitende Menschen, die mit ihren Kollegen und Freunden eine Auszeit vom Alltag nahmen. Keiner von ihnen konnte etwas für die Bürgerkriege in seiner Heimat, und keiner konnte etwas dagegen tun. Nicht als Einzelner, zumindest. Und wenn er nun den Krieg auf diese Weise hierher brachte, nach Deutschland, dann würde damit alles nur noch viel schlimmer werden. Man würde den Menschen, die aus ihrer Heimat fliehen mussten, mit noch mehr Misstrauen und Ablehnung begegnen, obwohl nur die wenigsten waren und wurden wie er. Aber durch die Spirale von Aggression und Gewalt würden mehr in die Arme von Fanatikern getrieben, und genau das war das Ziel von seinen Mentoren. Er selbst dachte über all das nicht nach. Die Ungläubigen waren für so viel Leid in der Welt verantwortlich, davon war er überzeugt. Ihnen ging es doch so gut, und ein paar Flugstunden entfernt wurden täglich Menschen niedergemetzelt. Und die hier kümmerten sich nicht. Sie gingen feiern. Und wenn es den einen schlecht ging, und den anderen gut, dann musste es da einen Zusammenhang geben. Alles hing zusammen. Er musste sie einfach töten. Möglichst viele von ihnen. Einfach war es nicht. Aber wenn es einfach wäre, könnte es jeder tun. Nein, es würde eine Heldentat sein, und er würde dafür ins Paradies kommen.

VII.

Das letzte Wort war gedacht. Er schloss die Augen und zündete die Bombe.

VIII.

Um ihn herum waren Stimmen zu hören. Schritte. Ein Lachen. Ihm wurde bewusst, dass er seine Augen verschlossen hielt. Als er sie öffnete, war er nicht im Paradies. Er stand immer noch da. Vor dem Eingang zum Volksfest. Der Sprengsatz hatte nicht gezündet. Es dauerte lange, bis er das begriff, und er war sich nicht sicher, ob er noch einmal die Kraft aufbringen würde. Ob er noch einmal diesen Weg ins Paradies suchen würde. Aber welchen sonst?

EPILOG

Die Journalistin Åsne Seierstad hat für ihr Buch *Einer von uns. Die Geschichte eines Massenmörders das Leben von Anders Behring Breivik*, der im Jahre 2011 in Norwegen 77 Menschen getötet hat, genauestens nachrecherchiert. Seine mit schweren psychischen Störungen kämpfende Mutter gab ihn bereits im Alter von zwei Jahren regelmäßig in eine Pflegefamilie, sein Vater hatte vor allem in den ersten Jahren so gut wie keinen Kontakt zu ihm. Als Vierjähriger wurde er zeitweilig in die Psychiatrie eingewiesen, mal wünschte seine Mutter ihm den Tod, mal wollte sie ihn ganz einer Pflegefamilie überantworten. Das Jugendamt prüfte, der Mutter das Sorgerecht zu entziehen, hielt aber die juristischen Voraussetzungen für nicht gegeben.

Kann all das eine Rechtfertigung oder Entschuldigung für das sein, was Breivik getan hat? Nein! Werden alle mit einem derartigen familiären Hintergrund zu Gewalttätern und Mördern? Nein! Soll Breiviks Geschichte ein Plädoyer dafür sein, Eltern leichter das Sorgerecht für ihre Kinder entziehen zu können? Nein! Gibt es irgendeine Patentlösung, um Fälle wie den von Breivik künftig auszuschließen? Nein!

Aber: Dieser extreme Fall zeigt exemplarisch, dass »das Böse« fast nie aus dem Nichts kommt. Kriminelles Verhalten muss in all seinen komplexen Zusammenhängen und Entstehungsvoraussetzungen analysiert werden, anstatt zu warten, bis es (wieder) passiert, und dann mit Strafe zu reagieren. Viel sinnvoller wäre es, dazu beizutragen, dass in möglichst wenigen Menschen überhaupt das Verlangen entsteht, anderen zu schaden. Der Versuch, Straftaten in all ihren komplexen Zusammenhängen möglichst gut zu verstehen, hat nichts mit Verständnis für diese Taten zu tun. Das Gegenteil ist der Fall. Wer Tat und Täter als schlecht abtut, und meint, mit einer entsprechenden Bestrafung sei es getan, der tut nichts dazu, das Böse zu verringern und macht es sich zu einfach. Bei vielen Gewalttätern fällt auf, dass sie in Kindheit und Jugend überhaupt keine positiven Bindungserfahrungen machen konnten. Keine einzige. Sie erlebten, wie Anders Breivik, die Beziehungen zu anderen nicht als vertrauensvoll, stützend, wärmend, befriedigend, sondern als unsicher und beängstigend. Sie fühlten sich missbraucht und nicht in ihren natürlichen Interessen bestätigt. Oft könnte ein Mensch den Unterschied machen. Ein einziger Mensch. Das kann ein Onkel, eine Lehrerin, ein Sozialarbeiter, eine ältere Schwester, ein Sportlehrer sein. Ein Mensch, der das Kind in seiner gesunden Selbstwerdung trotz der ansonsten widrigen Umstände unterstützt und zu dem eine positive Bindung möglich ist. Das Beste, was wir tun können, ist die Wahrscheinlichkeit zu erhöhen, dass es diesen einen Menschen gibt. Familien zu unterstützen, Ressourcen in Jugend- und Sportzentren zu investieren oder mehr Stellen für Sozialarbeiter und Psychologen an Kindergärten, Schulen und Jugendämtern zu schaffen ist der beste Schutz gegen die Gefahr im Menschen. Besser als jede Strafe.

Vielleicht hätte Breivik eine Chance gehabt, sich anders zu entwickeln, wenn es diesen einen Menschen gegeben hätte. Natürlich muss die Allgemeinheit bis zu seinem Lebensende vor ihm geschützt bleiben, doch keine Strafe der Welt kann wiedergutmachen, was er getan hat. Und der nächste Anders Breivik ist jetzt gerade ein Kind. Ein Kind, das nicht annähernd das bekommt, was jeder Mensch für eine gesunde Entwicklung braucht, und in dem sich irgendwann die Gefährlichkeit des Täters verwirklichen kann. Wollen wir hoffen, dass er für das Kind da ist. Dieser eine Mensch.

»Die Gefahr lässt sich nicht auslernen!«

Johann Wolfgang von Goethe

NACHWORT ODER DIE MÖGLICHKEIT EINER GEFÄNGNISINSEL

Ich stand mit einem Team von Stern TV, das mich anlässlich des Erscheinens meines Buches *Endstation Knast* interviewen wollte, vor »meiner« Anstalt. In der Anstalt selbst durfte ich auf Weisung des Ministeriums keine Interviews geben. Das war für mich sehr nachvollziehbar, aber auch bemerkenswert, denn in dem Buch kritisiere ich nicht die Arbeit in den Gefängnissen, sondern lobe sogar ausdrücklich die progressiven Ansätze gerade im sächsischen Justizvollzug. Es geht um die übergeordnete Frage über Sinn und Unsinn der Freiheitsstrafe, eine Frage, die nach meiner Überzeugung vor allem auch der Strafvollzug selbst immer wieder aufwerfen muss. Aber das System Gefängnis an sich steht offenbar argumentativ auf so schwachen Beinen, dass es zusammenbrechen könnte, wenn kritischen Erkenntnissen, Gedanken und Meinungen freier Lauf gelassen würde, die geeignet sind, das Bild, das der Strafvollzug von sich zeichnen will, infrage zu stellen. Dieses Bild vermittelt die Illusion von Sicherheit und Gerechtigkeit, und der Frage, welchen tatsächlichen Wert der Strafvollzug darüber hinaus hat, stellt man sich nicht so gerne. Die Aufklärung muss, wie die Gefangenen auch, hinter Schloss und Riegel gehalten werden, sonst gerät das Gefängnis in Gefahr. Aber das Gelände vor der Anstalt ist öffentliches Terrain, und dort darf jeder sagen, was er denkt. Die Kamera lief, und die Reporterin fragte mich: »Wir stehen nun also vor Ihrer Anstalt. Wenn es nach Ihnen ginge, was würden Sie mit den 400 Gefangenen machen, die hier gerade eingesperrt sind?«

In dieser Konsequenz hatte ich es mir selbst bis dahin nicht vor Augen geführt, aber es gab gar keine andere Antwort: »Ich würde sie alle entlassen.«

Auch die Reporterin hatte wohl eine etwas diplomatischere Antwort erwartet. »Aber ist das nicht absurd? Das wäre doch ein Sicherheitsrisiko, wenn Sie ein paar hundert gefährliche Straftäter auf einmal auf die Bevölkerung loslassen!«

»Ich bin mir schon bewusst, dass das zunächst absurd und radikal klingt. Ist es aber nicht. Absurd und radikal ist es vielmehr, diese Menschen wegzusperren. In dieser Anstalt sitzen keine Schwerkriminellen, sondern Männer, die im Durchschnitt zwischen einem und drei Jahren Freiheitsstrafe verbüßen. Glauben Sie ernsthaft, der Mensch wird dadurch besser, dass man ihn wegsperrt? Wenn das so wäre, könnte man doch jeden Menschen einmal für einige Zeit ins Gefängnis stecken. Zum Beispiel für ein Jahr. Statt Bundeswehr, Zivildienst oder freiwilligem sozialen Jahr ein Jahr Gefängnis für alle! Auf diese Idee käme natürlich niemand. Zu Recht. Denn das Gefängnis macht den Menschen nicht besser, sondern schlechter. Die Straftäter haben nach der Haft noch weniger Chancen als vorher, in der Gesellschaft Fuß zu fassen, sie tragen den Makel der Gefängnisstrafe ein Leben lang mit sich herum, und ihr Freundes- und Bekanntenkreis besteht fast ausschließlich aus anderen Straftätern. Die Ausbildungs- und Behandlungsmaßnahmen, die in der Haft durchgeführt werden, wären außerhalb des Gefängnisses um ein Vielfaches erfolgversprechender. Und wenn viele Menschen noch der Meinung sind, dass Strafe sein muss, dann gäbe es doch sinnvollere Arten zu strafen, etwa mit der Verpflichtung zu gemeinnütziger Arbeit. Wenn Sie das alles bedenken, dann ist es nicht absurd, sondern vernünftig, die Leute nicht erst in zwei Jahren zu entlassen, sondern jetzt. Denn in diesen zwei Jahren wird nichts besser, aber vieles schlechter. So paradox es klingt, auf die lange Dauer gesehen würde es die Sicherheit der Allgemeinheit nicht gefährden, sondern vergrößern, wenn die Gefangenen jetzt entlassen werden würden. Selbstverständlich müssten dann alternative ambulante Maßnahmen greifen.«

Mit Gefahren und dem Versprechen, sie in den Griff zu bekommen, lassen sich Wählerstimmen gewinnen. Relativ leicht sogar. Viel leichter als damit, etwas Positives schaffen zu wollen. Denn erst wenn die Angst beruhigt ist, haben der Mensch und der Wähler überhaupt die Energie, an positive Dinge zu denken. Wenn der Begriff der Gefahr oder der Gefährlichkeit erst einmal im Raum steht, wer könnte ihn je sicher widerlegen? Den Beweis, dass von einem Menschen keine Gefahr für andere Menschen ausgeht, könnte man wohl erst nach dem Ende seines Lebens führen. Und wer nun vorgibt, die Gefahr von kriminellen Taten in den Griff zu bekommen, indem man Straftäter wegsperrt und resozialisiert, der verwendet zusätzlich emotional höchst wirksame Vernebelungstaktiken. Zum einen schafft er mit dem Gefängnis einen Bereich, der für Außenstehende und die Allgemeinheit kaum einsehbar ist. Das, was die Öffentlichkeit über das Gefängnis weiß, ist im Wesentlichen das, was die Justiz die Öffentlichkeit wissen lassen will. So bleiben die Institution Gefängnis, ihre Insassen, ihre Bediensteten und das, was dort erreicht wird und erreicht werden kann, weitgehend im sozialen Unbewusstsein. Der Staat sagt zum Bürger: »Du musst dir keine Sorgen machen, wir kümmern uns«, und der Bürger ist in aller Regel beruhigt und zufrieden.

Der Begriff der Resozialisierung ist genauso schlecht greifbar wie der Begriff der Gefährlichkeit. Das nimmt kaum wunder, ist damit doch nichts anderes als »Nicht-Gefährlichkeit« gemeint, und wenn die Gefährlichkeit kaum überprüfbar und objektivierbar ist, dann kann es ihre Verneinung ebenso wenig sein. So werden also Menschen als »gefährlich« weggesperrt und im Gefängnis therapiert, um sie zu resozialisieren. Kaum jemand kann nachvollziehen, ob das für die Allgemeinheit irgendeinen Sinn ergibt, der sich nicht in einer äußerst kostenintensiven Symbolik erschöpft. Für die Gefangenen, ihre Angehörigen und auch (potenzielle) Opfer von Straftaten ist das Gefängnis allerdings weit mehr als symbolisches Getöse. Es ist existenziell schädlich. Und den Steuerzahler kostet der Strafvollzug mehrere Milliarden Euro. Jedes Jahr.

Das ist die eine Seite. Die andere Seite ist die, dass es ja tatsächlich Menschen gibt, die ihren Mitmenschen Schaden zufügen. Aber die Gefahr, die von solchen Menschen ausgeht, bannen zu wollen, indem man sie unter den derzeitigen Rahmenbedingungen einsperrt, ist absurd. Ganz zu schweigen davon, dass der Schaden, den sie verursacht haben, ja nicht immer irreparabel ist. Bei Vermögensstraftätern etwa wäre es der Gesellschaft deutlich dienlicher, diese nicht für viel Steuergeld wegzusperren, sondern sie beispielsweise zu gemeinnütziger Arbeit zu verpflichten. Insbesondere dann, wenn ein Straftäter die Allgemeinheit geschädigt hat. Warum soll der Steuerzahler etwa für den Freiheitsentzug eines Uli Hoeneß noch 4000 Euro jeden Monat zahlen, wenn dieser stattdessen (wie etwa Silvio Berlusconi in Italien) gemeinnützige

Arbeit leisten könnte, um den Schaden wiedergutzumachen, den er der Allgemeinheit durch seine Steuerhinterziehung zugefügt hat? In anderen Fällen, etwa bei gewerbsmäßigen Dieben, wären zusätzliche Sicherungsmaßnahmen wie eine elektronische Aufenthaltsüberwachung (»Fußfessel«) eine günstigere und humanere Alternative als der Strafvollzug mit all seinen schädlichen Folgen. Zu vielen der Maßnahmen, die in Haft durchgeführt werden, könnten Straftäter mit größerer Aussicht auf Erfolg auch ambulant verpflichtet werden. Das reicht von der Absolvierung einer Schul- oder Berufsausbildung bis hin zu therapeutischen Maßnahmen wie etwa einem Anti-Gewalt-Training. Jeden wird man damit nicht erreichen können, aber in Haft erreicht man eben bei weitem auch nicht jeden. Das Know-how, das Engagement und die oft jahrzehntelange Erfahrung der Mitarbeiter im Strafvollzug könnten in offeneren Strukturen jedenfalls viel fruchtbarere Wirkungen entfalten.

Was aber soll die Gesellschaft, was soll der Staat mit Menschen machen, die anderen schwersten und oft irreparablen Schaden bis hin zu Missbrauch und zur Tötung zufügen? Bei den Überlegungen dazu und der dringend notwendigen grundlegenden Reform des Strafrechts müssen vorab einige Punkte berücksichtigt werden. Das Recht gilt immer für eine unüberschaubare Vielzahl von Einzelfällen. Es kann keine rechtliche Regelung geben, die für jede Betroffenen zu einer gerechten Lösung führt. Das muss bei einer Kritik des derzeitigen Systems, aber auch bei einer Neuordnung berücksichtigt werden. Es kann immer nur darum gehen, möglichst viele Einzelfälle möglichst gerecht und sinnvoll zu lösen.

Immer wieder mache ich in Diskussionen zum Beispiel die Erfahrung, dass auf meinen Vorschlag, die Freiheitsstrafe in vielen Fällen durch die Verpflichtung zu gemeinnütziger Arbeit zu ersetzen, der Einwand kommt, was man dann mit denen macht, die unter keinen Umständen zu bewegen sind, solche gemeinnützige Arbeit zu leisten. Damit wird diese Alternative zum Freiheitsentzug schnell als ungeeignet abgewiesen und so getan, als würde man mit dem derzeitigen Strafsystem jeden so erreichen, wie man es beabsichtigt. Der Anspruch an die Alternativen kann jedoch letztlich nur sein, deutlich besser zu funktionieren als das derzeitige System. Zudem muss bei einer Neuordnung des Strafrechts auf einige auch liebgewordene Illusionen, Vorurteile und Fehlvorstellungen verzichtet werden. Erstens kann man beim besten Willen nicht einschätzen, ob jemand gefährlich ist und in welchem Maße. Insbesondere die psychiatrische Zunft behauptet das gerne, auch weil Prognosebegutachtungen eben ein lukratives Geschäft geworden sind. Ein Geschäft allerdings auf Kosten der Rechtsstaatlichkeit. Zweitens ist es in vielen Fällen nicht möglich, eine angenommene Gefährlichkeit im Rahmen einer Freiheitsstrafe oder Sicherungsverwahrung zu therapieren. Drittens wirken Freiheitsstrafen kaum abschreckend, vor allem nicht bei schweren Gewalt- oder Sexualstraftaten, die meist aus einem starken Affekt heraus begangen werden. Auch für eine mögliche Abschreckung bei weniger affektgesteuerten Delikte ist es viel entscheidender, wenn die Täter überzeugt wären, dass ihre Vergehen aufgedeckt werden und dass unmittelbar reagiert wird. Selbst dann müsste die Abschreckung nicht in Form eines Freiheitsentzuges erfolgen. Eine in schweren Fällen jahrelange Verpflichtung zur gemeinnützigen Arbeit, die zum Beispiel durch eine ansonsten drohende Kürzung sozialer Leistungen untermauert werden könnte, wäre genauso abschreckend.

Viertens ist eine harte Bestrafung in Form eines möglichst langen Freiheitsentzuges nicht im Sinne aller Opfer. Das netzwerkB etwa, einer der größten Verbände zur Vertretung der Interessen von Betroffenen sexualisierter Gewalt, hat sich ausdrücklich meiner Forderung nach Abschaffung der Gefängnisse in ihrer derzeitigen Form angeschlossen. Vielen Betroffenen wäre viel eher damit gedient, wenn man sie mehr unterstützen und sich mehr um sie kümmern würde, anstatt fast alle staatlichen Ressourcen in eine harte Bestrafung der Täter zu stecken. Und fünftens schließlich ist es ein Irrglauben, mit Strafen welcher Art auch immer einen Großteil des schädigenden Verhaltens Einzelner in den Griff zu bekommen. Vielmehr müssten die Ressourcen auf Kindergärten und Schulen gelenkt werden, um jungen Menschen mit individuellen oder sozialen Problemen möglichst frühzeitig zu helfen. Der Betreuungsschlüssel für Straftäter ist allerdings um ein Vielfaches höher als der für Kinder, Schüler oder psychisch Kranke.

Was aber macht man nun mit denen, die anderen massiv schaden? Zwar sind das viel weniger, als unsere Angst uns glauben machen will, doch es gibt sie. Was macht man etwa mit einem Menschen, der einen anderen aus sexuellen Motiven heraus umgebracht hat? Man kann ihn doch nicht mit der Begründung frei herumlaufen lassen, dass die Gefährlichkeit eines Menschen nicht mit der rechtsstaatlich notwendigen Sicherheit prognostiziert werden kann? Nein, kann man nicht. Sollte man nicht. Darf man nicht. Eine Gemeinschaft, eine Gesellschaft von Menschen, kann als Ganzes und auf Dauer nur funktionieren, wenn individuelle und kollektive Interessen möglichst gerecht gegeneinander abgewogen werden. Das Recht und auch die Pflicht zu dieser Abwägung folgt also unmittelbar aus der menschlichen Existenz und Daseinsberechtigung. Im Rahmen dieser Abwägung hat eine Gesellschaft das Recht und die Pflicht, Einzelne auszuschließen und ihnen die Freiheit zu nehmen, wenn diese (immer wieder) andere und damit letztlich auch das gesellschaftliche Miteinander massiv schädigen. In solchen extremen Fällen fällt also die Abwägung von individuellen Interessen (freie Entfaltung) und gesellschaftlichen Interessen (Verhinderung weiterer Schädigungen) zugunsten der Gesellschaft aus. Das allerdings auch nur, wenn, anders als es derzeit der Fall ist, alles Zumutbare getan wird, damit in möglichst wenigen Menschen überhaupt die Neigung entsteht, anderen so massiv zu schaden. Und wenn jeder Einzelfall zum Anlass genommen wird, auch die sozialen Strukturen zu hinterfragen und gegebenenfalls anzupassen, die eine Straffälligkeit begünstigt haben, statt die Lösung des Problems fast ausschließlich im Kopf des Täters zu suchen.

Wenn das der Fall ist, dann muss man den Menschen, die dennoch anderen immer wieder massiven Schaden zufügen, die Freiheit entziehen. Allerdings nicht im Gefängnis oder der Sicherungsverwahrung. Erstens ist es auf Dauer nicht menschenwürdig, in einer kleinen Zelle oder einem kleinen Zimmer eingesperrt zu sein. Mit jedem Jahr Freiheitsentzug in solch einem Kontext bleibt weniger Menschenwürde und Persönlichkeit übrig, bis sie irgendwann ganz verschwindet. Und zweitens ist der Bürokratie- und Therapieapparat unglaublich teuer. Der Freiheitsentzug für diese ganz wenigen Menschen sollte in einem nach außen gesicherten Bereich erfolgen, in dem die Betroffenen nach innen weitgehend selbstverantwortlich und selbstbestimmt leben können und gemeinnützige Arbeit in Staatsbetrieben leisten müssen.

Das könnte zum Beispiel eine Insel oder auch eine Dorfgemeinschaft sein. Grundlage dieses Freiheitsentzuges wäre nicht die Bestrafung, sondern allein die Sicherung der Allgemeinheit. Dieser Freiheitsentzug sollte grundsätzlich auch bis zum Lebensende andauern, vielleicht noch mit der Möglichkeit der Entlassung in einem sehr hohen Alter, in dem die Betroffenen aus faktischen Gründen kaum noch anderen schaden könnten. Grundlage dieser Insellösung wären nicht dubiose Prognosen und ebenso dubiose Therapieversprechungen, sondern allein die Taten der Betroffenen. Bei diesen wenigen höchst kriminellen Menschen hat die Gesellschaft das Recht, überhaupt keine Gefahr von ihnen mehr in Kauf zu nehmen, wie klein oder groß sie auch konkret sein möge.

Immer wieder gibt es bei unserem derzeitigen Rechtssystem Fälle, in denen zum Beispiel mehrfache Mörder positiv begutachtet werden und dann in Freiheit (im Rahmen eines Ausganges oder nach der Entlassung) wieder jemanden töten. Hätten wir Deutschen jemanden wie Anders Breivik, der in Norwegen Dutzende Menschen getötet hat, dann würden wir ihn einige Jahrzehnte lang mit Kosten von vielen Millionen Euro therapieren, um ihn dann im hohen Alter wieder entlassen zu können. Das ist Unsinn und auch gegenüber dem betroffenen Straftäter nicht menschenwürdig. Sinnvoller wäre es eben, den Freiheitsentzug tatsächlich menschenwürdig zu gestalten, aber ihn auch für die wenigen sehr schweren Straftäter sicherer zu machen. Grob gesagt entziehen wir derzeit mindestens 90 Prozent aller Straftäter viel mehr Freiheit, als es angemessen und menschlich wäre (und machen sie damit unter dem Strich gefährlicher), und den sehr wenigen anderen entziehen wir zu wenig an absoluter Freiheit. Für die Allgemeinheit und den Steuerzahler wäre die Insellösung zudem erheblich günstiger. Es würde viel weniger Menschen als jetzt betreffen, bundesweit höchstens einige Hundert, und es würden die Rundumbetreuung und -verwaltung und insbesondere das höchst kostenintensive therapeutische Theater wegfallen.

Nun wird häufig eingewandt, dass es dann ja innerhalb solcher abgeschlossenen Dorfgemeinschaften Mord und Totschlag gäbe. Dem ist entgegenzuhalten, dass selbstverständlich nicht jegliche staatliche Kontrolle dieser Einrichtungen, nach innen und nach außen, entfallen kann. Auch können zum Beispiel Menschen, die Kinder aus sexuellen Motiven umgebracht haben, meist ohne Bedenken mit Erwachsenen zusammengebracht werden, die von ihnen keinen Schaden zu befürchten haben. Und schließlich sind auch innerhalb solcher Dorfgemeinschaften verschiedene Sicherheitsstufen denkbar, so dass in bestimmten Fällen ein Kontakt mit anderen Menschen nur im Beisein von Sicherheitspersonal ermöglicht werden könnte. Weiter wird eingewandt, dass es doch nicht sein könne, wenn gerade die schlimmsten aller Straftäter ein inselgleiches Leben fernab aller existenziellen Sorgen in einer Dorfgemeinschaft führen dürfen. Dem ist entgegenzuhalten, dass auch das Leben in so einer Gemeinschaft mit dem Paradies auf Erden wenig zu tun hat. Es ist menschenwürdiger als ein Leben in Haft oder Sicherungsverwahrung, aber doch weit entfernt von einem Leben in Freiheit. Und der Schaden, den diese wenigen angerichtet haben, kann ohnehin nie wiedergutgemacht werden. Kein Kind wird davon lebendig, wenn der Täter möglichst hart bestraft wird. Der Staat kann nur versuchen, mit dem angerichteten Schaden noch einigermaßen vernünftig umzugehen. Und da ist es sinnstiftend, wenn solche Täter in den Dorfgemeinschaften Arbeiten leisten müssen, deren Erträge etwa auch für die Jugendarbeit eingesetzt werden können. Die Erfahrungen mit der Todesstrafe zum Beispiel in Amerika zeigen, dass sich eine staatliche Verrohung irgendwann auch auf die Bürger überträgt. Wenn der Staat selbst aus bestimmten Gründen Menschen tötet, dann bekommen viele Bürger das Gefühl, dies in bestimmten Situationen auch tun zu dürfen. Das bedeutet übertragen auf unser System, das Gott sei Dank die Todesstrafe überwunden hat, dass wir im eigenen Interesse auch diejenigen, die Schlimmstes getan haben, menschenwürdig behandeln sollten. Das gilt umso mehr, wenn man sich immer wieder vor Augen führt, dass sehr viele Täter selbst Opfer waren. Das ist keine Rechtfertigung, wenn sie nun anderen Schaden zufügen, und nicht alle Opfer werden zu Tätern, aber es gehört eben auch zu einer Analyse des Phänomens von Gefahr und Gewalt.

Nun ist es eine Sache, festzustellen, dass eine Reform des Strafrechts notwendig ist, eine ganz andere Frage ist es, wie eine solche Reform gelingen kann. Die weitere Diskussion wird zeigen, wie sich Justiz, Politik und Öffentlichkeit zu einer grundlegenden Infragestellung der Institution Gefängnis und der Sicherungsverwahrung verhalten. Insofern ist der argumentative Kampf gegen das Gefängnis mehr als ein Kampf für ein gerechtes und sinnvolles Strafrecht, der für sich allein schon existenziell wichtig wäre. Es ist vielmehr der Kampf der Aufklärung gegen Bürokratie, Vorurteile, Selbstgerechtigkeit und Bequemlichkeit. Ein Kampf, der auf dem Feld des Strafrechts viel schwerer als in anderen staatlichen Bereichen wie beispielsweise der Schulbildung ist, denn das Strafrecht wirkt auf die und aus den mächtigsten menschlichen Gefühlsregungen: Angst und Wut. Was sich nicht wenige zunutze machen. Das Ausleben von Wut an Straftätern hat kaum einen positiven Sinn, der in die Zukunft reicht. Und bei unserer Angst vor dem Gefährlichen, dem »Bösen«, sollten wir uns bewusst machen, dass die Anzahl derer, die von Natur aus gefährlich und böse sind, oder im Laufe ihres Lebens unveränderbar so geworden sind, verschwindend gering ist. Sie gibt es dennoch, und auch das muss gesehen werden, um ihnen angemessene Grenzen setzen zu können. Fast immer jedoch hängt das Gefährliche und Böse mit den sozialen Umständen zusammen, aus denen es entstanden ist oder in denen es sich verwirklicht. Und letztlich sind es diese sozialen Umstände, auf die wir Einfluss nehmen können und müssen, um die von Einzelnen ausgehende Gefahr zu reduzieren. Das aber setzt zunächst voraus, dass diese sozialen Umstände überhaupt gesehen werden, und dass Staat, Justiz und Gesellschaft die Fähigkeit zur kritischen Selbstreflexion ausbauen. Denn wer diese Fähigkeit nicht hat, kann wirklich gefährlich werden.

ÜBER DEN AUTOR

Thomas Galli, geboren 1973, studierte Rechtswissenschaften, Kriminologie und Psychologie und promovierte. Er arbeitete über fünfzehn Jahre im Strafvollzug. 2013 wurde er Leiter der JVA Zeithain, zeitweise zusätzlich Leiter der JVA Torgau. Er war Vertreter Sachsens bei der Bundesvereinigung der Anstaltsleiter. Daneben beschäftigt sich Galli auch wissenschaftlich mit kriminologischen Fragestellungen und war Lehrbeauftragter u.a. für Strafrecht, Psychologie und Kriminologie. Er war außerdem Mitglied des Kriminalpräventiven Rats Dresden sowie Mitglied des Vorstands von netzwerkB, einem Verband zur Vertretung der Interessen von Betroffenen sexualisierter Gewalt. Seit Oktober 2016 ist er als Rechtsanwalt tätig.

192 Seiten
17,99 € (D) | 18,50 € (A)
ISBN 978-3-7423-0985-3

Thomas Galli

Endstation Knast

Ein Gefängnisdirektor packt aus

Ein Mehrfachmörder weigert sich, eine Therapie anzutreten und erhängt sich in seiner Zelle. Ein Schläger schließt sich einem Clan an und rutscht immer tiefer in die Kriminalität. Eine junge Sozialarbeiterin wird von einem Häftling schwanger. Ein Geiselnehmer wehrt sich gegen seine Entlassung, weil er sich ein Leben in Freiheit nicht mehr vorstellen kann.
Der ehemalige Gefängnisdirektor Thomas Galli schildert in diesem Buch authentische Fälle aus dem deutschen Strafvollzug. Er analysiert den Weg der Gefangenen in die Kriminalität, ihre biografischen Hintergründe und beschreibt das Leben im Gefängnis. In seinem Schlussplädoyer stellt Galli die Praxis des deutschen Strafvollzugs auf den Prüfstand – und kommt dabei zu einer ebenso überraschenden wie unbequemen Erkenntnis. Ein packender Insiderreport über die »rigoroseste Institution unserer Zeit«.

riva

FSC
www.fsc.org
MIX
Papier | Fördert
gute Waldnutzung
FSC® C083411

Zeitfracht Medien GmbH
Ferdinand-Jühlke-Straße 7
99095 Erfurt, Deutschland
produktsicherheit@kolibri360.de

Druck:
CPI Druckdienstleistungen GmbH
im Auftrag der
Zeitfracht Medien GmbH
Ein Unternehmen der Zeitfracht - Gruppe
Ferdinand-Jühlke-Str. 7
99095 Erfurt